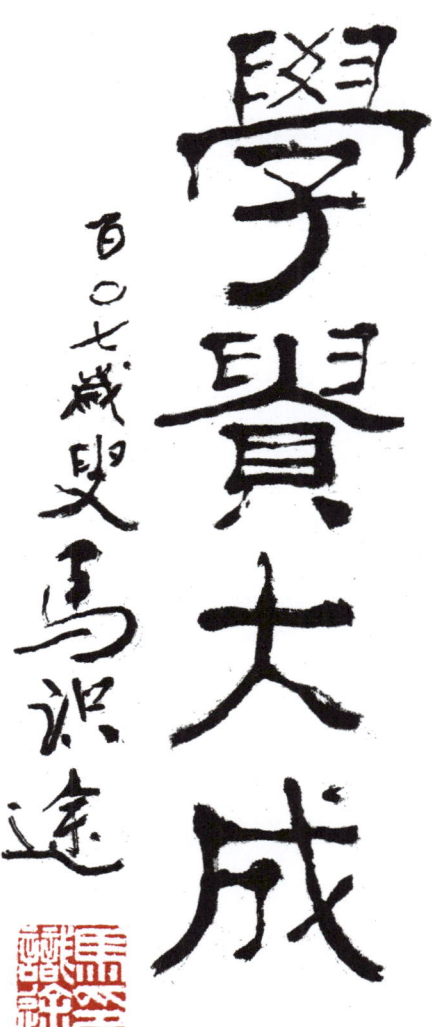

传世·经典国学集

三十六計

薛瑾 文礼波 译注

四川文艺出版社

图书在版编目（CIP）数据

三十六计 / 薛瑾, 文礼波译注. -- 成都：四川文艺出版社, 2021.6 (2021.11重印)
ISBN 978-7-5411-5988-6

Ⅰ.①三… Ⅱ.①薛…②文… Ⅲ.①兵法—中国—古代②《三十六计》—译文③《三十六计》—注释 Ⅳ.①E892.2

中国版本图书馆CIP数据核字(2021)第067432号

SANSHILIU JI
三十六计
薛 瑾 文礼波 译注

出 品 人	张庆宁
策 划 人	袁 艺 孙晓萍
责任编辑	王思鈜 宋 玥
责任校对	文 雯
责任印制	桑 蓉

出版发行	四川文艺出版社（成都市槐树街2号）
网　　址	www.scwys.com
电　　话	028-86259287（发行部）　028-86259303（编辑部）
传　　真	028-86259306
邮购地址	成都市槐树街2号四川文艺出版社邮购部　610031
排　　版	四川胜翔数码印务设计有限公司
印　　刷	成都东江印务有限公司
成品尺寸	145mm×208mm　　　开　本　32开
印　　张	6.5　　　　　　　　　字　数　200千
版　　次	2021年6月第一版　　　印　次　2021年11月第二次印刷
书　　号	ISBN 978-7-5411-5988-6
定　　价	49.00元

版权所有·侵权必究。如有质量问题，请与出版社联系更换。028-86259301

前 言

"三十六计"的典故出自我国古代南朝时期名将檀道济。《南齐书》中有"檀公三十六策,走为上计"之语,"三十六计"由此成为一种固定说法,代代相传。及至明末清初,便有人旁征博采兵书韬略,撰成《三十六计》一书,而其作者已不可考。

《三十六计》按计名顺序排列,分为六套,即胜战计、敌战计、攻战计、混战计、并战计、败战计六个部分,每部分六计。有诗:"金玉檀公策,借以擒劫贼,鱼蛇海间笑,羊虎桃桑隔,树暗走痴故,釜空苦远客,屋梁有美尸,击魏连伐虢"将每一计名囊括其中,按诗中顺序为:金蝉脱壳、抛砖引玉、借刀杀人、以逸待劳、指桑骂槐、趁火打劫、擒贼擒王、关门捉贼、打草惊蛇、浑水摸鱼、瞒天过海、反间计、笑里藏刀、调虎离山、顺手牵羊、李代桃僵、无中生有、声东击西、树上开花、暗渡陈仓、假痴不癫、欲擒故纵、走为上、釜底抽薪、空城计、苦肉计、远交近攻、反客为主、上屋抽梯、偷梁换柱、连环计、美人计、借尸还魂、隔岸观火、围魏救赵、假道伐虢。

《三十六计》的价值不仅在于中国古代兵法谋略本身的精妙绝伦和出奇制胜，还在于这些军事策谋中蕴含的虚实、刚柔、攻防、彼己等对立转化思想。这些思想借中国古老的八卦之说的形式加以表达，其中暗藏阴阳变化之理，是古人朴素的辩证哲学思考的体现。因此，"三十六计"之义理不再仅限于军事计谋，蕴藏在其中的是如何看待世界的智慧以及如何应对人情事理的"攻略"。

　　本书中每一计后附按语解说，其皆系依据《易经》中阴阳变化等思想推演而成，从攻、守、胜、败等不同角度阐释用兵之道并将其中的兵家阴阳之道引申出来详细解释。《三十六计》不仅是汇集我国古代兵家军事思想和战谋策略的精神财富，也是睿智的传统文化瑰宝。本书面向大众读者，不仅对原著进行注释翻译，还广泛搜集了每一计在历史上被运用之战争实例或是逸闻故事，希望能够在研读典籍的基础上以生动有趣的形式使当代老少读者在阅读经典著作、学习传统文化时有所收获。

目 录

原　序 001

第一套　胜战计 005

第一计　瞒天过海 006

第二计　围魏救赵 009

第三计　借刀杀人 013

第四计　以逸待劳 021

第五计　趁火打劫 029

第六计　声东击西 034

第二套　敌战计 043

第七计　无中生有 044

第八计　暗度陈仓 050

第九计　隔岸观火 055

第十计　笑里藏刀 061

第十一计　李代桃僵..065

第十二计　顺手牵羊..069

第三套　攻战计..073

第十三计　打草惊蛇..074

第十四计　借尸还魂..079

第十五计　调虎离山..083

第十六计　欲擒故纵..089

第十七计　抛砖引玉..093

第十八计　擒贼擒王..097

第四套　混战计..101

第 十 九 计　釜底抽薪..102

第 二 十 计　浑水摸鱼..106

第二十一计　金蝉脱壳..109

第二十二计　关门捉贼..115

第二十三计　远交近攻..121

第二十四计　假道伐虢..124

第五套　并战计 131

第二十五计　偷梁换柱 132

第二十六计　指桑骂槐 136

第二十七计　假痴不癫 141

第二十八计　上屋抽梯 149

第二十九计　树上开花 154

第 三 十 计　反客为主 159

第六套　败战计 165

第三十一计　美人计 166

第三十二计　空城计 170

第三十三计　反间计 175

第三十四计　苦肉计 182

第三十五计　连环计 187

第三十六计　走为上 196

原 序

用兵如孙子，策谋三十六。

六六三十六，数中有术，术中有数①。阴阳燮理②，机③在其中。机不可设，设则不中。

按语

解语重数不重理。盖理，术语自明；而数，则在言外。若徒知术之为术，而不知术中有数，则术多不应。且诡谋权术，原在事理之中，人情之内。倘事出不经，则诡异立见，诧民惑俗而机谋泄矣。或曰：三十六计中，每六计成为一套。第一套为胜战计，第二套为敌战计，第三套为攻战计，第四套为混战计，第五套为并战计，第六套为败战计。

注释

①数：气数、命运，引申为客观规律。术：方法、手段、计谋、策略，引申为主观意识。"数""术"也合称为"数术"，亦作"术数"，在古代它是一种专门之学，即用种种方术观察自然界现象，来推测人和国家的气数和命运。

②阴阳燮理：调和阴阳。燮：调和。

③机：弩箭上的发动机关。引申为枢要、关键、机遇。

译文

用兵打仗就应该像孙武一样。要多想些计谋。

六乘以六的积是三十六。在事物发展变化的规律中蕴藏着权谋，而权谋的设定和运用过程中又体现着事物发展的规律。按照阴阳变化的道理去思考，机遇就在其中。但机遇是不可事先来设计的，如果事先设计了机遇，往往是不会实现的。

按语译文

解语重视事物发展的内在规律而非权谋本身。因为具体的方法，在战术策略中已经明白；而客观规律则是在言语之外。如果只知道战术策略，却不知道其中的客观规律，则所使用的计谋大多不能取得成果。况且诡谋权术原本就蕴含在事理之中和人情之内。如果计谋荒诞而违背常理，那么奇怪的现象就会出现，令人诧异和不解，这样，机谋就会被泄露。也有人说，在三十六计中，每六计成为一套。第一套为稳操胜券的战计，第二套是势均力敌时的战计，第三套为主动进攻的战计，第四套是战局混乱时的战计，第五套为联合作战的战计，第六套是不利情况下的战计。

孫子集註卷之一

計篇 曹操曰計者選將量敵度地料卒遠近險易計於廟堂也○李筌曰計者兵之上也太一遁甲先以計神加德宮以斷主客成敗故孫子論兵亦以計爲篇首○杜牧曰計筭也曰計筭何事曰下之五事所謂道天地將法也於廟堂之上先以彼我之五事計筭優劣然後定勝負勝負既定然後興師動衆用兵之道莫先此五事故著爲篇首耳○王晳曰計者謂計主將天地法令兵衆士卒賞罰也○張預曰管子曰計先定於內而後兵出境故用兵之道以計爲首也或曰兵貴臨敵制宜曹公謂計於廟堂者何也曰將之賢愚敵之強弱地之遠近兵之衆寡安得不先計之及乎兩軍相臨變動相應則在於將之所裁非可以險度也

孫子曰兵者國之大事

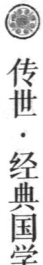
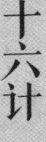

第一套

胜战计

第一计　瞒天过海

备周则意怠①；常见则不疑。阴在阳之内，不在阳之对②。太阳，太阴③。

按语

阴谋作为，不能于背时秘处行之。夜半行窃，僻巷杀人，愚俗之行，非谋士之所为也。如：开皇九年，大举伐陈④。先是弼请缘江防人，每交代之际，必集历阳，大列旗帜，营幕蔽野。陈人以为大兵至，悉发国中士马，既而知防人交代，其众复散。后以为常，不复设备，及若弼以大军济江，陈人弗之觉也。因袭南徐州，拔之。

注释

①备周则意怠：防备周密，就会使人斗志松懈，削弱战斗力。

②阴在阳之内，不在阳之对："阴""阳"是我国古代哲学文化的重要内容，这一学说是把宇宙万物作为对立统一体来看待，表现出我国古代哲学朴素的辩证思想。这里指"阴"往往包含在"阳"内，而不是在"阳"的对立面。这是一种朴素的军事辩证法理论。

③太：极，极大。阳：这里指完全公开的。阴：这里指极为隐蔽的。全句意为，在完全公开的行动里面可能潜藏着极为隐秘的计谋。

④陈：南北朝时期的陈朝。公元557年陈霸先代梁帝，国号陈，建都建康（今江苏南京）。公元589年，为隋所灭。

译文

一般来讲，军事防御体系周密时，其警觉性反而容易降低，以致麻痹轻敌；平时司空见惯的，往往就对其坚信不疑。诡秘的计谋往往就潜藏在公开的事物里边，而不是与之对立。完全公开的事情里往往蕴藏着非常的秘密。

按语译文

施行秘密的谋略，不能在不适合的时候和隐私的地方进行。夜半行窃、僻巷杀人都是愚蠢、鄙俗的人干的，智谋之士是不干这种事情的。如开皇九年，隋伐陈。隋将贺若弼统兵驻防江岸，每次换防时，一定要把军队集中到历阳，大张旗鼓，营帐蔽野。陈国以为隋兵要大举进攻了，就调发全国的兵马准备迎战，后来才发现隋军只是在换防，所以陈国集中的兵马就解散了。之后习以为常，陈兵就不再戒备了，等到贺若弼率兵渡江时，陈国居然没有察觉，因此隋军攻下了陈国的南徐州。

典故探源

见《永乐大典·薛仁贵征辽事》。公元643年，唐太宗御驾亲征，领三十万大军直指东土高丽。一日，浩荡大军东进来到大海边上，帝见眼前只是白浪排空，茫茫无际，即向众将问及过海之计，四下面面相觑。忽传一个近居海上的豪民请求见驾，并称三十万过海军粮业已独备。帝大喜，便率百官随这豪民来到海边，只见万户皆用一彩幕遮围，十分严密。豪民引帝入室，室内更是绣幔彩锦，茵褥铺地。百官进酒，宴饮甚乐。不久，风声四起，波响如雷，杯盏倾侧，人身摇动，良久不止。太宗警惊，忙令近臣揭开彩幕察看，不看则已，一看愕然。满目皆一片清清海水横无际涯，哪里是什么在豪民家做客，大军竟然已航行在大海之上了！原来这豪民是新招壮士薛仁贵扮成，这"瞒天过海"计策就是他策划的。

"瞒天过海"这种计谋在某种程度上含有欺骗性，但其动机、性质、目的是绝不可以与"欺上瞒下""掩耳盗铃""夜中行窃""僻处谋命"之类等同。这一计的兵法运用，常常是利用人们在观察处理世事时，由于对某些事情的习见不疑而自觉不自觉地产生了疏漏和松懈，因此乘虚而示假隐真，掩盖某种军事行动，使用伪装的手段，把握时机，出奇制胜。

历史案例

吕蒙白衣渡江

公元219年，曹操被关羽打得喘不过气来，于是声称割江南以封孙权，派人叫孙权起兵袭击关羽后方，以减轻自己的压力。孙权见关羽攻襄阳、樊城，怕其实力大增，于是准备打破"联刘抗曹"的联盟，发兵攻打荆州。孙权帐下的吕蒙对孙权建议，关羽为人自负，必须要让一个没有知名度的人来接替自己，让关羽放松戒备，并推荐了陆逊。孙权同意了吕蒙的建议。陆逊一到陆口，就写信给关羽，大力赞颂关羽美德，并不遗余力地表达了自己的崇拜之情，希望关羽多多关照自己。关羽果真上当，骄傲轻敌，对东吴不再有戒心，把东线防备东吴的军队调赴樊城前线。得到消息的吕蒙便点兵三万，快船八十余只，选会水者扮作商人，皆穿白衣，在船上摇橹，不带甲胄，却将精兵伏于船中。江边烽火台上守台军盘问时，吴人答曰："我等皆是客商，因江中阻风，到此一避。"随将财物送与守台军士。军士信之，遂任其停泊江边。约至二更，精兵齐出，将烽火台上官军缚倒，暗号一声，八十余船精兵俱起，将紧要去处墩台之军，尽行捉入船中，不曾走了一个。于是长驱大进，径取荆州，无人知觉。

等关羽得到消息，为时已晚，最终败走麦城。

第二计　围魏救赵

共敌不如分敌①，敌阳不如敌阴②。

按语

治兵如治水，锐者避其锋，如导流；弱者塞其虚，如筑堰。故当齐救赵时，孙子谓田忌③曰："夫解杂乱纠纷者不控拳，救斗者不搏击。批亢捣虚，形格势禁，则自为解耳。"（《史记·孙子吴起列传》）

注释

①共敌：集结起来的敌人。分敌：分散的敌人。共：集中。分：分散。

②敌阳：攻打气势旺盛的敌人。敌：这里用作动词，攻打。敌阴：攻打气势不旺盛的敌人。这里的"阳"和"阴"，是兵阴阳家的军事理论。

③孙子：这里指孙膑，孙武的后代，战国时期军事家。曾与庞涓共同学习兵法，后来庞涓做魏惠王的将军，妒忌孙膑的才能，就将其骗到魏国，处以膑刑（去膝盖骨），所以叫孙膑。后被齐国使者秘密载回，被齐威王任用为军师。他先后设计大败魏军于桂陵和马陵。有《孙膑兵法》存世。田忌：战国时齐国名将。曾在孙膑的辅佐下大败魏军于桂陵和马陵。

译文

进攻兵力已经集结的部队不如攻打兵力分散的部队；打击气势旺盛的敌人不如打击气势不旺盛的敌人。

按语译文

用兵作战就如同治理洪水，对于来势凶猛的敌人要避其锋芒，就像治理洪水要导流一样；对于来势虚弱的敌人就要阻截并歼灭他，就像治理洪水要修筑堤坝一样。所以当齐国派田忌援救赵国之时，孙膑对田忌说："要想解开纷繁杂乱的丝线，不能用拳头去捶打；要解开打架斗殴者，自己就不能动手参加。对敌人应避实就虚，使其形势受挫而不能发展，赵都之围自然也就解决了。"（《史记·孙子吴起列传》）

典故探源

事见《史记·孙子吴起列传》，是讲战国时期齐国与魏国的桂陵之战。公元前354年，魏惠王欲夺回丢失的中山，便派大将庞涓前去攻打。这中山原本是东周时期魏国北邻的小国，被魏国收服，后来赵国乘魏国国丧伺机将中山强占了。魏将庞涓认为中山不过弹丸之地，距离赵国又很近，不若直接攻打赵国都城邯郸，既解旧恨又一举两得。魏王从之，即拨五百战车，以庞涓为将，直奔赵国，围了赵国都城邯郸。赵王急难中只好求救于齐国，并许诺解围后以中山相赠。齐威王应允，令田忌为将，孙膑为军师，领兵救援。

孙膑曾与庞涓同师于鬼谷子，对用兵之法谙熟精通。魏王用重金将他聘得，当时庞涓也正事奉魏国。庞涓自觉能力不及孙膑，忌妒其才，遂以毒刑将孙膑致残，断其两足并在他脸上刺字，企图使孙膑不能行走，又羞于见人。后来孙膑装疯，幸得齐使者救助，逃到齐国。这是一段关于庞涓与孙膑的旧事。

再说田忌与孙膑率兵进入魏赵交界之地时，田忌想直接领兵解邯郸之围，孙膑制止说：解乱丝结绳，不可以握拳去打，排解争斗，不能参与搏击，平息纠纷要抓住要害，乘虚取势，双方因受到制约才能自然分开。现在魏国精兵倾国而出，若我直攻魏国，那庞涓必回师解救，这样一来邯郸之围定会自解。我们再于中途伏击庞涓归路，其军必败。田忌依计而行。果然，魏军离开了邯郸，归路中又陷伏击与齐战于桂陵，魏部卒长途疲惫，溃不成军，庞涓勉强收拾残部，退回大梁，齐师大胜，赵国之围遂解。这便是历史上有名的"围魏救赵"的故事。又后十三年，齐魏之军再度相交于战场，庞涓复又陷于孙膑的伏击，他自知智穷兵败，遂自刎。孙膑以此名显天下，世传其兵法。

历史案例

1. 李秀成围"杭"救"京"

公元1858年，清军趁太平天国内部为争夺权位发生内乱之际，重整江南、江北两座大营，再次围困住太平天国的都城南京。

为了打破清军包围，忠王李秀成向洪秀全献上"围魏救赵"之策，让太平军先进攻清军的粮饷重地杭州，迫使清军分兵自救，而太平军趁清兵江南大营空虚，反攻击江南大营，以解救南京之围。

洪秀全同意了这一计划。

公元1860年2月，李秀成分兵五路急袭浙江，攻占杭州。清军江南大营统帅和春得知杭州失守，急忙拨五分之二的大营兵力，派提督张国梁率领援助浙江。李秀成一见和春中计，便在杭州城上，竖起许多面太平军的旗帜，虚设疑兵，暗中却是"金蝉脱壳"，退出了杭州。而张良玉疑心城中有伏兵，不敢进城。

李秀成撤出杭州后，日夜兼程，奔赴南京。清军还没有弄清李秀成的方向时，太平军各路兵马已云集南京外围，向江南大营发起总攻。南京城内的太平军从内响应，内外夹击，大获全胜。和春见势不好，率兵潜逃。太平军乘胜追击，攻占了常州、无锡、苏州等地，歼俘敌人五六万。清军已无心再战，纷纷溃逃。和春与张国梁率残军逃往镇江。清军苦心经营多年的江南大营再次被毁。

2. 诸葛亮一纸救江东

周瑜病逝后，曹操又准备进攻江东。但与此同时，他害怕西凉的马腾会趁机攻取许都。为此，曹操便赐给马腾征南将军的头衔，命他征讨东吴。

于是，马腾带领儿子马休、马铁及五千西凉兵卒应召来到许昌城下。不久，西凉兵被曹操消灭，马腾父子三人也惨遭杀害。此后，曹操自认为解除了后顾之忧，即时起兵三十万，直扑江东。江东闻报之后，立即让鲁肃派使者西上荆州，向刘备求援。诸葛亮看罢江东的求救信，胸有成竹地对刘备说："既不用动江南之兵，也不用动荆州之兵，我自有妙计使曹操不敢进兵东南。"他让使者带回江东的信中说："如果曹军南犯，刘皇叔自有退兵之策。"

诸葛亮告诉刘备说："曹操平生最担心的就是西凉之兵。现在曹操杀了马腾，马腾长子马超仍然统领着西凉之众，杀父之仇定使马超对曹操刻骨切齿。主公只要修书一封，派人结援马超，让马超兴兵入关。这样一来，曹操岂能兵犯江东？"刘备闻言大喜，立即修书，派使者投送西凉的马超。

马超听说父亲和两个弟弟遇害的消息后，放声大哭，悲伤倒地。他咬牙切齿，痛骂曹贼。正在此时，刘备的使者持书赶到。马超拆书一看：刘备在信中除了大骂曹操之外，还回忆了昔日与马腾同受汉帝密诏、誓诛曹贼的往事和旧情。刘备指出，现在曹操与马超又结下不共天地、不同日月之深仇。他建议马超率西凉之兵以攻曹之右，他统荆、襄之众以遏曹之前，认为此举不但曹操可擒、奸党可灭、大仇可报，而且汉室可以复兴。

马超看罢，立即挥泪复信，打发使者先回，随后便点起西凉兵马。正准备进发时，西凉太守韩遂使人请马超相见。原来韩遂与马腾是结义兄弟，韩遂与马超以叔侄相称。韩遂告诉马超：曹操派人送来书信，以封西凉侯为诱饵，让韩遂擒拿马超。韩遂还向马超表示：既为叔侄，不忍加害，愿意与马超一起联军进击曹操，以报仇雪恨。

曹操得知马超、韩遂率十部兵马，杀奔而来，不得不放弃进攻东吴的计划，调头自保。这样，诸葛亮用"围魏救赵"之计，转移了曹操军队的进攻视线，保护了东吴。

第三计　借刀杀人

敌已明，友①未定，引友杀敌，不自出力，以损推演②。

按语

敌象已露，而另一势力更张，将有所为，便应借此力以毁敌人。如：郑桓公将欲袭郐（kuài）③，先向郐之豪杰、良臣、辨智、果敢之士尽书姓名，择郐之良田赂之，为官爵之名而书之，因为设坛场郭门之处而埋之，衅之以鸡豭（jiā）④，若盟状。郐君以为内难也，而尽杀其良臣。桓公袭郐，遂取之（《韩非子·内储说下》）。诸葛亮之和吴拒魏，及关羽围樊、襄，曹欲徙都，懿及蒋济说曹曰："刘备、孙权外亲内疏，关羽得志，权必不愿也。可遣人劝蹑其后，许割江南以封权，则樊围自释。"曹从之，羽遂见擒（《长短经·格行》）。

注释

①友：军事上的盟者，即一时同盟而借力的人、集团或国家。

②损：六十四卦之一，兑下艮上。即指《易经·损卦》，损卦云："损：有孚，元吉，无咎，可贞，利有攸往。"孚：信用。元：大。贞：正。意即只要有诚心，就会有大的吉利，没有错失，合于正道，这样行事就可一切如意。损卦曰"损，损下益上，其道上行。"意指"损"与"益"的转化关系，借用

盟友的力量去打击敌人，势必要使盟友受到损失，但盟友的损失正可以换得自己的利益。推演：推断，演绎。

③郐：西周分封的诸侯国。在今河南新密东南。

④衅：杀牲以血涂在新制成的器物上祭祀。豭：公猪。

译文

敌方的情况已经明确，而盟友的态度还不稳定，要诱导盟友去消灭敌人，以避免消耗自己的实力，这就是根据损卦中"损下益上"的道理推演而形成的谋略。

按语译文

敌人的情况已经显露出来，另一股势力也正在发展，而且将有所行动，这时便应借此势力来摧毁敌人。比如，郑桓公要袭击郐国，先将郐国的豪杰、良臣、辨智、忠勇、果敢之士的名单列出，公开张贴布告，说要选择郐国的良田赠送给他们，并封给他们各种官爵，还在城郊设起祭坛，把名单埋在地下，用公鸡、公猪做祭品，装作盟誓的样子。郐国国君闻讯就以为国内这些豪杰、良臣等要勾结郑国，便按照郑桓公公布的名单把他们一个个杀掉了。桓公看到郐国豪杰、良臣都已除尽，便马上攻打郐国，并占领了郐国（《韩非子·内储说下》）。

又如诸葛亮与东吴结盟，共同抵抗曹操，当关羽围攻樊阳、襄阳时，曹操想迁都，司马懿和蒋济劝说曹操道："刘备、孙权表面上是亲戚，但内心里却隔阂很深，关羽得志，孙权的内心是不愿意的。因此，可以派人劝孙权从背后进攻关羽，并答应割让江南的土地封给他，这样，樊城的包围就会自然解开。"曹操依计行事，关羽终于兵败麦城，为孙权所擒（《长短经·格行》）。

历史案例

1. 景帝诛晁错

汉景帝即位后，擢升晁错为御史大夫。晁错主张"削藩"来巩固中央集权，保卫皇权的至高无上。汉景帝也有心削弱那些藩王的势力，但又怕他们借机造反，不敢妄动，就与大臣们商议此事。

各王眼见自己的封邑要被削减，纷纷怨恨晁错，于是吴王、赵王、胶西王、楚王等联合起来，打着"清君侧，诛晁错"的旗号起兵造反。汉景帝一边召集大臣们商议对策，一边拜窦婴为大将，出兵应付叛军。

窦婴与晁错原来就不和，在削藩的问题上又有不同的意见，他一直把晁错视为眼中钉。窦婴把个人私怨看得比国家大事更重要，决定借汉景帝之手除掉晁错。窦婴派人对汉景帝说："七王发兵是冲着晁错来的。高祖分封同姓为王，已成规矩，晁错非得要削藩，这不是存心与刘氏作对吗？只要皇上斩了晁错，赦免了七王起兵之罪，还给他们土地，他们一定会退兵。"汉景帝竟然听从了这个建议，真的把晁错给杀了。

汉景帝原以为这样就化干戈为玉帛了，可是七王并未罢兵，而且攻势较以前更甚。这时，大将军周亚夫派使者告诉汉景帝说："吴王成心要造反，已经几十年了，这次是借晁错削藩为名发兵，想不到皇上听信谗言把晁错杀了。今后恐怕没有谁敢再向朝廷出主意了。"汉景帝这才恍然大悟，但后悔已晚。后来，七王之乱被平定下去，景帝也沿着晁错的思路进行了一番改革，他派官吏协助诸侯王治理封国，又改革官制，使中央集权大大加强。

2. 刘秀除李轶

刘秀与刘玄决裂后，率兵进军长安。洛阳是通往长安的军事重地，刘玄派李轶镇守洛阳，以阻挡刘秀大军的西进。

刘秀手下一名叫冯异的将军写信劝李轶归降。李轶看完信后，内心十分矛盾。他虽然看出刘玄成不了大事，有意脱离刘玄，却又不敢轻易投靠刘秀。因为他曾参与杀害刘秀之兄的活动，担心刘秀不容他。于是，李轶在给冯异的回信中这样写道："今天你我都在镇守军事要地，地位举足轻重。如果我们能同心同德，那我还有什么顾虑呢？请将我的意思转达给萧王（指刘秀），我愿为他尽微薄之力。"冯异看到这封意思委婉的信后，明白李轶是叫自己保证他归顺后的生命安全和高官厚禄。于是，冯异一方面给李轶回信表示安慰，另一方面出兵攻打洛阳周围各县，看李轶是否援救，以试探他有无诚意。李轶果然不与冯异交战。冯异见李轶言行一致，就把此事的前后经过向刘秀做了报告,并递上李轶的信,劝刘秀接受李轶的归顺。

刘秀深知李轶是一个反复无常的人,招降后仍是心头之患。但若拒之门外,对战局又十分不利。刘秀经反复考虑,终于想出一条借刀杀人的妙计。刘秀在给冯异的回信中,避而不谈是否接受李轶的归顺,只是提醒说:"李轶这个人诡计多端,一般人难以看出他的心思。大家还是各自坚守阵地为好,防止李轶耍花招。"然后,刘秀故意将李轶意欲归降的事泄露出去,众人议论纷纷。

不久,刘玄手下的另一员大将得知李轶心怀二意,就派人将他刺杀了。洛阳驻军失去主将,军心动摇,许多人投降刘秀,战局发生了根本性的改变。直到这时,大家才明白刘秀的用意:借刘玄之手杀掉李轶,一方面除去了心头大患,一方面也不用背负杀降将的坏名声,一举两得。

3. 刘备杀吕布

吕布被曹操生擒以后,有意投降曹操,他对曹操说:"明公您所担忧的不过就是吕布。我现在归顺您,则天下就是明公的。由明公您率领步兵,由我来带领骑兵,则平定诸侯不过易如吹灰而已。"曹操被说动了心,欲想受降,但又对吕布的诚意有些怀疑。正在这时,旁边的刘备说了一句话:"曹公啊,您难道没有看到丁建阳和董太师的下场吗?"曹操于是毫不犹豫地下令绞死了吕布。

丁建阳即丁原,吕布最初是他的部下。后来吕布在董卓的唆使下杀死了丁建阳。董卓入京后,挟持天子,自称太师,因而被称作董太师。后来董卓因王允等人巧施连环计也死在吕布手里。经刘备这么一说,曹操立刻下决心杀了吕布。

那么,刘备为何要置吕布于死地呢?原来,刘备虽然暂时依从曹操,却怀有自立之心。吕布之所言,正是刘备所担忧的。如果曹吕联合,必然给刘备未来的事业带来重重阻力。

刘备名为劝诫曹操,实为借刀杀人,其智慧可见一斑。

4. 宋太祖借画除林仁肇

宋太祖建立大宋以后，深知"卧榻之侧，岂容他人鼾睡"的道理，积极采取"先南后北"顺序，统一中国。

在灭掉南汉之后，宋太祖把进攻目标转向南唐。南唐后主李煜昏庸无能，只知道吟诗填词，不理朝政，南唐国力日衰。宋太祖此时有心灭南唐，但又不敢轻举妄动。原来，南唐有一位勇猛无敌的武将名叫林仁肇，宋太祖认为林仁肇是宋灭南唐的一大障碍。碰巧在公元971年，李煜派其弟李从善前来朝贡，宋太祖忽然心生一计，当即热情款待李从善，并把他留下任泰宁军节度使。李从善不敢违命，只得报告李煜。李煜也不知宋太祖的葫芦里卖的是什么药，正好试图通过李从善探听一些宋朝的情况，便同意他在宋朝任职。宋太祖又派一名使者到林仁肇那里，使者用钱财贿赂林的仆人，搞到了一张林的画像。使者拿着画像回来复命，宋太祖命人把画像挂在自己的侧室。

一天，李从善来见宋太祖，侍臣先把他领到侧室。李从善一眼就看到了林仁肇的画像，不解地问道："这是南唐武将林仁肇的画像，怎么会挂在这里？"侍臣支支吾吾，欲言又止，半天才说："你已经是宋朝的人了，告诉你也没什么。皇上爱惜林仁肇的才干，下诏书让他来京城，他已经答应投降，先送来画像以表诚心归顺。"侍臣又指着附近一座华美富丽的房子说，"听说皇上准备把这所房子赐给林仁肇，等他到了京城，还要封他为节度使呢！"

李从善立即回江南向李煜报告了此事。李煜真的怀疑林仁肇心怀二意，设宴招待林仁肇，让人事先在酒里下了毒药。林仁肇回到家中，毒性发作，七窍流血而死。林仁肇之死，毁掉了南唐最后抗宋之希望，南唐翰林学士承旨、门下侍郎兼枢密使陈乔仰天长叹说："国家形势到了这种地步，还残杀忠良，真不知我辈的葬身之地将在何处！"

5. 张居正夺权

张居正是明朝中后期政治家、改革家，万历时期的内阁首辅，他辅佐昏庸的万历皇帝进行了"万历新政"的改革，使垂危的大明王朝又得以苟延残喘,对明朝有巨大的历史贡献。他早期为了夺权,也曾不惜使用借刀杀人再移尸嫁祸的阴谋。

明神宗即位时,年仅十岁,太监冯保居中用事。大学士张居正明白要夺权专政,非借冯保之力不可,乃暗地结好冯保,称兄道弟。

这时,独握朝政大权的是内阁大学士高拱,高拱和张居正面和心不和。有一次,神宗早朝,方走出宫,突有一无须男子,做宦官状,疾趋而来,左右见此,即上前把他抓住,搜出一把利刃,显有行刺企图。神宗即命冯保审问,此人供说名叫王大臣,来自南方的戚继光的营里。冯保闻言大惊,立即停审,亲往见张居正,问如何处置。张居正说:"高拱此人,屡想把你逐出宫外,此番可打蛇随棍上,趁机把高拱除了,你才可以高枕无忧。何况戚继光正握南北军权,妄指不得,何不如此如此,这般这般?"

冯保闻言大喜,回来即叫亲信年儒去行事。年儒私下对疑犯王大臣说:"下次审问的时候,你只一口咬定,是高拱派你来行刺的,便可赦你无罪,还会升你官做锦衣卫,赏赐千金。如不这般说,必会把你打死。"王大臣在此威迫利诱下,自然勉强答应照办了。

到第二次审问的时候,各大臣早已心知肚明此案的内幕复杂,都列席旁听。冯保这位主审官便问疑犯:"大胆王大臣,你来行刺,究竟是受谁人指使的?"

王大臣被拘押时在狱中已吃尽拷打之苦,此时便愤然回答:"是你教我说是受高拱相公主使的。"

旁听之人大哗起来,冯保闻言大惊,即宣布退庭,不敢复问。

第二天再审,疑犯王大臣已中了哑毒,不能说话,冯保不待细审,即朱笔一批,押犯人往午门斩首。

高拱只好告老还乡,张居正在这场权力争夺战中获得了最终的胜利,从此以后,张居正任内阁首辅,独掌国家大权达十年之久。

传世·经典国学集

三十六计

胜战计

第四计　以逸待劳

困敌之势，不以战；损刚益柔①。

按语

此即致敌之法也。兵书云："凡先处战地而待敌者佚，后处战地而趋战者劳。故善战者，致人而不致于人。"（《孙子兵法·虚实篇》）兵书论敌，此为论势，则其旨非择地以待敌，而在以简驭繁，以不变应变，以小变应大变，以不动应动，以小动应大动，以枢应环②也。如：管仲寓军令于内政，实而备之（《史记·管晏列传》）；孙膑于马陵道伏击庞涓（《史记·孙子吴起列传》）；李牧守雁门，久而不战，而实备之，战而大破匈奴（《史记·廉颇蔺相如列传》）。

注释

①损刚益柔：语出《易经·损卦》。这里讲"损""益"是相互联系、相互转化的关系。"损刚益柔"是根据此卦象讲述"刚柔相推，而主变化"的普遍道理和法则。此计正是根据损卦的道理，以"刚"喻敌，以"柔"喻己，意谓困敌可用积极防御，逐渐消耗敌人的有生力量，使之由强变弱，而我方因势利导又可使自己变被动为主动，不一定要用直接进攻的方法，同样可以制胜。

②以枢应环：《庄子·齐物论》："枢始得其环中，以应天穷。"意为掌

握事物的关键来控制周围事物的变化。枢：枢纽，引申为事物的关键。

译文

迫使敌人处于困难的局面，不一定要采取直接进攻的手段，可以以消耗的方式减损敌方的力量，从而壮大我方，利用强弱双方互相转化的原理来使敌人由强转弱。

按语译文

这就是"以柔制刚"的攻敌办法。兵书上说："凡是先到战场等待敌人者，他就显得安逸而有精力；而后赶到阵地仓促应战者，必然显得疲劳困顿。因此，善于指挥作战的人，总是能够调动敌人而不为敌人所调动。"（《孙子兵法·虚实篇》）兵书上讲的是战争中的敌我形势，这里讲的是如何挖掘主动权，并非仅仅指选好地形来等待敌人，而是泛指以简便来控制繁难、以不变应万变、以小变应大变、以静制动、以小变动应对大变动，抓住关键来控制周围局面。例如春秋时齐国的管仲寓军事于内政，寓兵于民，这是"实而备之"的施政大战略（《史记·管晏列传》）；孙膑在马陵道伏击庞涓（《史记·孙子吴起列传》）；战国时赵国大将军李牧戍守北方的雁门关，久驻不战，他是在"以实备之"，一旦奋起，便一战而大破匈奴（《史记·廉颇蔺相如列传》）。

历史案例

1. 李文忠劳敌之术

公元1369年春，常遇春暴疾而亡。明太祖朱元璋下诏命李文忠为征虏副将军，率军攻打庆阳。

李文忠兵至太原，闻报：元将脱列伯围攻大同，大同危在旦夕。李文忠对诸将说道："将在外，君命有所不受。今大同被围，宜速去救援，若禀命而后行，岂不坐失良机？"遂引军出雁门，行至马邑，与元平章刘帖木率领的数千游骑相遇。李文忠指挥部下与敌交战，结果大败元军，擒元将刘帖木。

李文忠率明军进至白杨门，择地安营扎寨。是夜，天降大雪，满山皆白。李文忠丝毫不敢大意，引亲兵在营外巡视，见雪地上似有行人踪迹，立即策马而还，督军前移五里后才阻水立寨。诸将问其故，李文忠说："以前安营之处是元军伏兵的地方，很危险。今移兵此地，稍觉安全，但须严加防范，警惕元军劫营。"

果然不出所料，脱列伯派兵乘夜劫营，被早有准备的李文忠部队以炮矢射退。次日天色微明，李文忠秣马厉兵，立刻发两营军士前去挑战。此时折腾一夜的元军正准备埋锅造饭，见明军杀来，匆忙强打精神上马迎战。杀了几个时辰未分胜负。有人屡劝李文忠发兵增援，李文忠却泰然自若，并不发兵。待元军战到疲惫不堪之时，李文忠突然上马，率两路大军左右夹击，如泰山压顶般包抄过来，可怜饥肠辘辘的元军欲战无力，欲逃无路，个个六神无主，惊慌失措。脱列伯见腹背受敌，欲打马逃遁，李文忠赶上一枪刺中其马首，战马负痛跳蹶前蹄，脱列伯跌于马下，遂被李文忠生擒活捉。余众见主帅被俘，纷纷下马乞降，李文忠大获全胜。

《孙子兵法》李荃注说："敌逸，我能劳之者，善功也。"李文忠先派小股部队与敌人纠缠，把敌人搞得疲惫不堪，而大部队却以逸待劳，伺机发起猛攻，一举歼灭敌人。

2. 铁木真破劲敌

铁木真成为蒙古部首领之后，招携怀远，举贤任能，势力一天天地强盛起来。曾与铁木真结为盟友的札木合心怀不满，寻机要与铁木真一比高低。

铁木真的叔父拙赤居住在撒阿里川一带，他经常令部属到野外放牧马群。一次，他的一群马被人劫走，放马人急忙通报拙赤。拙赤极为愤怒，只身一人前去追赶。傍晚时分，拙赤追上劫马者，把为首的那个人用箭射倒，然后趁乱将马群赶回。

原来，拙赤射中的那个人正是札木合的弟弟。札木合闻讯悲恨交加，遂联合塔塔儿部、泰赤乌部等十三部，合兵三万，杀奔铁木真的营地。

铁木真得到消息后，立即集合部众三万人，分作十三翼，做好迎敌的准备。开始的时候，铁木真的部队抵挡不住气势汹汹的札木合军，不得不且战且退。

在军务会议上，博尔术对铁木真说："敌军气焰方盛，意在速战速决，我军应以逸待劳，等敌军力衰之时再出击掩杀，定获全胜。"铁木真采纳了博尔术的意见，集众固守。札木合几次遣军进攻，都被铁木真的弓箭手一一射退。

本来，草原兴兵，不带军粮，专靠沿途抢掠或猎获飞禽走兽充饥。札木合远道而来，军粮渐少，又无从抢夺，士兵只得四处觅野物，整日不在军营当中。博尔术见敌军毫无纪律，疲于寻食，势如散沙，立即入帐禀报铁木真。铁木真认为时机已到，遂命各部奋力杀出。

此时的札木合正在帐中休息，得知铁木真发动进攻，慌忙吹号角集合部队，可是他的士兵大多数出外捕猎，来不及归回。札木合手下的十二个主将因敌不过排山倒海而来的铁木真军，纷纷落荒而逃。札木合见大势已去，骑快马从帐后逃走。已养足精力的铁木真军，像砍瓜切菜一样，将在帐营中的札木合部队数千人全部消灭。

这场战斗结束后，铁木真在蒙古草原的声威日振，附近的部落纷纷前来归附。

3. 黄忠占领定军山

刘备五虎上将之一的黄忠大败曹将夏侯渊于定军山（今陕西勉县南）。夏侯渊坚守山寨，再也不敢贸然交战。黄忠军已进逼至定军山下。法正四面望了望定军山的地势，对黄忠说："在定军山的西面，有一座巍然耸立的高山，四面的山道崎岖艰险，在这座山上，能够充分探察定军山夏侯渊的虚实。将军如果能攻占这座山，再攻打定军山就易如反掌了。"黄忠抬头看了看，见山顶比较平缓，山上人马也不是很多，就决定先攻打这座山。

这天夜里，黄忠带领军士，趁着敌军防范松懈的时候，突然敲鼓鸣锣，一直杀上山顶。这座山是由夏侯渊的部将杜袭把守的，只有几百人。当时望见黄忠大批人马一拥而上，声势骇人，慌忙丢下营寨，逃下山去。黄忠非常轻松地占领了山顶，正好和定军山相对立，地理位置特别优越。法正说："将军可以驻守在半山腰，我守住山顶。等夏侯渊来进攻时，我举起白旗将军按兵不动；等他倦怠了，疏于防备时，我就举起红旗，将军迅速地下山冲击曹军。我们以逸待劳，一定能够获胜。"黄忠听后，连说妙计，便带领大部人马在半山腰扎下营寨。

杜袭丢了山寨，逃回定军山，说黄忠夺取了对面的山顶。夏侯渊非常恼怒，说："黄忠占领了对面的山，不由得我不出战！"张郃劝阻说："这是他们的计谋，将军只宜坚守，不能出战。"夏侯渊说："他占了我的对面山顶，观察我的军情虚实，我怎么能不出战呢？"张郃几次苦苦地劝阻，夏侯渊就是不听。

夏侯渊命令兵士围住黄忠占领的山头，大骂挑战。法正在山顶上举起白旗，任凭夏侯渊在山下怎样百般辱骂，黄忠见到白旗，便坚守不战。等到中午以后，法正见曹兵俱已疲倦，心不在焉，不见丝毫锐气，纷纷下马倚在石头旁休息，有的竟昏昏欲睡，就举起红旗。黄忠见山顶上红旗招展，一声令下，战鼓齐鸣，蜀汉的军队大喊着冲下山来，气势犹如天崩地塌。夏侯渊措手不及，还没反应过来，黄忠已经闪电般来到他的面前，大喝一声，像平地惊雷。但见黄忠的宝刀落下，夏侯渊连头带肩被砍成两段。曹兵见主帅被斩，溃不成军。黄忠乘胜追击，占领了定军山。

4. 曹刿论战

公元前684年，齐国撕毁了同鲁国签订的盟约，发兵侵犯弱小的鲁国。

齐军与鲁军在长勺（今山东莱芜东北）相遇。鲁庄公御驾亲征，旁边坐着新请来的参谋曹刿，对面的齐军已摆开架势，只等作战的鼓声擂响。

不一会儿，齐军战鼓齐鸣，杀声连天，兵士如潮水般冲了过来。鲁庄公也想下令擂鼓出击，却被曹刿制止了。曹刿对鲁庄公说："敌人锐气正盛，只可以严阵以待，急躁不得。"

齐军一阵冲锋过来，却如木板碰铁桶一样，冲不垮鲁军的队列只得退下。不久，齐军再次擂鼓冲锋，鲁军依然岿然不动，铁桶似乎更坚固了。随着一声令下，齐军的战鼓又像雷一样响起来。

但是，这时的齐军士兵虽然嘴里叫喊着，心里却认为鲁军不敢出击，斗志无形中松懈下来。

曹刿听到齐军第三次鼓响，便对鲁庄公说："是出击的时候了！"于是，待命的鲁军士兵像猛虎扑食一样冲了出去。齐军临变而慌，被杀得七零八散大败而逃。

鲁庄公见敌人逃却，忙下令乘胜追击。曹刿又加以制止："别忙，等一会儿。"说完，他跳下车，看看地上的车辙马迹，又登上车，站在车顶上向逃走的齐军望了一阵，然后说："放心追赶下去，杀他个片甲不留！"鲁军乘胜追击，把齐军赶回齐国，俘获的战利品堆积如山。

在庆功宴会上，鲁庄公问曹刿："为什么要在敌人击鼓三次后才出击呢？"

曹刿答道："凡打仗，全凭士兵的一股勇气。当第一次击鼓的时候，齐军的士气很旺盛，好比一群猛虎下山，千万不可硬碰。第二次击鼓时，齐军的斗志开始松懈。到第三次击鼓时，齐军的士气低落，精神疲惫，战斗力骤减。而这时我军初次鸣鼓进攻，策新羁之马，攻疲乏之师，自然就可以旗开得胜。"

鲁庄公又问："可是，当齐军败退时你为什么阻止我下令追击，待望过天、看过地之后才允许穷追不舍，这又是什么道理呢？"

曹刿又说："兵者，诡道也。齐军诡计多端，如果败走有诈，诱我追击，就可能中了他们的埋伏。因此，我下车看看车辙马迹，杂沓非常，证明是仓皇逃军。远远望去，齐军旗歪阵乱，说明他们确实打了败仗。在这种情况下，我才敢大胆进军。"

曹刿以逸待劳，避敌锐气，化敌有利为不利，化己不利为有利，掌握了战争的主动权。

5. 曹玮用计

曹玮是北宋大将，名将曹彬之子，当时西夏军队屡屡进犯北宋边境，宋真宗命曹玮率军平乱。

曹玮带兵直驱西北边疆。西夏的军队一见"曹"字旗帜，便知常胜将军曹玮军到，稍一交锋便溃逃了。曹玮心想："我军一到，他们便逃。我军一走，他们又来骚扰，如此进进退退总不是办法。只有把他们引出来，彻底消灭方能解除后患。"

第二天，曹军赶着敌人撇下的牛羊，抬着缴获的战利品，散散漫漫地往回走。西夏军统帅听探子飞报：曹军贪图战利品，部队毫无纪律，一片混乱。西夏军觉得这是战胜敌方的机会，便率军回马撵上宋军交战。曹玮部队拖拖拉拉地走到一个地势很有利的山口，即摆阵迎战。

过了半天，远处飞马骤驰，尘土遮天，西夏军队赶来了。曹玮笑笑，即派人到西夏军队那边传言说："贵军远道而来，将士十分疲乏，我们不想乘人之危而作战，先请你们休息一下，待会儿再决胜负。"西夏统帅一听，认为对自己有利，便同意了。

过了一会儿，曹玮认为时机已到，又派人过去通知："休息好了，开始吧！"当即，山谷中战鼓震天，双方人马好一番厮杀。没多久，西夏军队就被打得尸横山野，死伤大半。

曹玮的幕僚觉得奇怪，堪称剽悍骁勇的西夏军怎么没经好好交战就落花流水了呢？曹玮解释说："匹夫之勇在战场上是不行的，要以智取胜。昨天我们双方一交战，他们就逃，其实这是为了保存实力，不与我主力硬拼。为了彻底解决他们，我便以贪图战利品的幌子迷惑他们，装作军纪涣散的样子引他们上钩。不出我所料，他们果真上了当，一百多里路追来，肯定相当疲劳；而我们休整了半天，以逸待劳，稳操胜券。但当时迎战，我方必定会伤亡较大，因为他们的士气还很盛，决战的精神很足。我便故意让他们休息，所谓一鼓作气，再而衰，三而竭。待他们精神松弛，这时出击，我们就很轻松地取胜了！"幕僚们听了曹玮的话，个个佩服不已。

6. 王翦伐楚

公元前226年，秦国已灭掉了赵国和韩国，且屡屡击破楚军。秦将李信率领二十万军队伐楚，但他大意轻敌，中了楚将项燕伏兵之计，丢盔弃甲，狼狈而逃，秦军损失数万。后来，秦王又起用已告老还乡的王翦。王翦率领六十万军队，陈兵于楚国边境。楚军立即发重兵抗敌。老将王翦毫无进攻之意，只是专心修筑城池，摆出一派坚壁固守的姿态。两军对垒，战争一触即发。楚军急于击退秦军，相持年余。王翦在军中鼓励将士养精蓄锐，吃饱喝足。秦军将士人人身强力壮，精力充沛，平时操练，技艺精进，王翦心中十分高兴。一年后，楚军绷紧的弦早已松懈，将士已无斗志，认为秦军的确防守自保，于是决定东撤。王翦见时机已到，下令追击正在撤退的楚军。秦军将士人人如猛虎下山，直杀得楚军溃不成军。秦军乘胜追击，杀死了楚将项燕，势不可当。公元前223年，秦灭楚。

7. 火烧连营

关羽大意失荆州，被东吴加害。刘备大怒，亲自率领七十万大军伐吴。蜀军从长江上游顺流进击，居高临下，势如破竹。举兵东下，连胜十余阵，锐气正盛，直至彝陵、猇亭一带，深入吴国腹地五六百里。孙权命青年将领陆逊为大都督，率五万人迎战。

陆逊深谙兵法，正确地分析了形势，认为刘备锐气始盛，并且居高临下，吴军难以进攻。于是决定实行战略退却，以观其变。吴军完全撤出山地，这样，蜀军在五六百里的山地一带难以展开，反而处于被动地位，欲战不能，兵疲意阻。相持半年，蜀军斗志松懈。

陆逊看到蜀军战线绵延数百里，首尾难顾，在山林安营扎寨，犯了兵家之忌。时机成熟，陆逊下令全面反攻，打得蜀军措手不及。陆逊一把火，烧毁蜀军连营，蜀军大乱，伤亡惨重，慌忙撤退，溃不成军。刘备乘夜突围逃遁，退至白帝城，次年四月，一病不起，遂亡于此。

第五计　趁火打劫

敌之害大①，就势取利，刚决柔也②。

按语

敌害在内，则劫其地；敌害在外，则劫其民；内外交害，则劫其国。如：越王乘吴国内蟹稻不遗种而谋攻之，后卒乘吴北会诸侯于黄池③之际，国内空虚，因而捣之，大获全胜（《国语·越语下》）。

注释

①敌之害大：敌人遭遇的危厄很大。害：困难，危机。

②刚决柔也：语出《易经·夬（guài）卦》。夬卦曰："夬，决也。刚决柔也。"决：冲决、冲开、去掉。夬卦是乾下兑上。乾为天，是大吉大利，吉利的贞卜，所以此卦的本义是力争上游、刚健不屈。所谓"刚决柔"，就是下乾这个阳刚之卦在冲决上兑这个阴柔的卦。此计是以"刚"喻己，以"柔"喻敌，言乘敌之危，就势出兵征服弱小者。

③黄池：古地名。在今河南封丘西南。济水和黄沟交汇处。公元前482年，吴王夫差与晋定公、鲁哀公等会盟于此，史称"黄池之会"。

译文

当敌人遇到严峻的困难、危机时,就趁机出兵夺取胜利,这就是"以刚克柔"的方法。

按语译文

敌人遭遇内乱,就趁机占领其土地;敌人遭受外患,就趁机掠夺其民财;敌人内忧外患,就趁机占领其国家。例如:越王勾践趁吴国国内遭遇大旱灾,连螃蟹和稻谷的种子都没有的困境下,谋划进攻吴国,后来终于等到吴王夫差北上到黄池与诸侯会盟的时候,趁其国内空虚大举进攻吴国,不费吹灰之力,大获全胜(《国语·越语下》)。

典故探源

此计来源于《孙子兵法·计篇》。趁火打劫的原意是:趁人家家里失火,一片混乱,无暇自顾的时候,去抢人家的财物。乘人之危捞一把,这本是不道德的行为。此计用在军事上指的是:当敌方遇到麻烦或危难的时候,就要趁此机会进兵出击,制伏对手。《孙子兵法·计篇》云:"乱而取之。"唐朝杜牧解释孙子此句说:"敌有昏乱,可以乘而取之。"就是讲的这个道理。

历史案例

1. 清兵入关

爱新觉罗·多尔衮是努尔哈赤的十四子,皇太极的弟弟。皇太极去世时,顺治帝年幼,只有七岁,朝廷的权力都集中在摄政王多尔衮身上。多尔衮对中原早就有攻占之意,想在自己手上建功立业,以遂父兄未完成的入主中原的遗愿。他时刻虎视眈眈地注视着明朝的一举一动。

明朝末年,政治腐败,民生凋敝。崇祯皇帝宵衣旰食,想振兴大明。可是,他猜疑成性,贤臣良将根本不能在朝廷立足,他一连更换了十几个宰相,又杀了名将袁崇焕,他的周围都是些奸邪小人,明朝崩溃大局已定。

公元1644年，李自成率农民起义军一举攻占京城，建立了大顺王朝。可惜农民进京之后，立足未稳，首领们就腐化堕落。明朝名将吴三桂的爱妾陈圆圆也被起义军将领掳去。吴三桂本是势利小人，惯于见风使舵。他看到明朝大势已去，李自成自立为大顺皇帝，本想投奔李自成巩固自己的实力。而李自成胜利之后，滋长了骄傲情绪，没把吴三桂看在眼里，抄了他的家，扣押了他的父亲，掳了他的爱妾。于是吴三桂"冲冠一怒为红颜"，终于投靠清廷，以借清兵势力消灭李自成。多尔衮闻讯，欣喜若狂，认为时机成熟，可以实现多年的愿望了。这时中原内部战火纷飞，李自成江山未定，于是多尔衮迅速联合吴三桂的部队，进入山海关，只用了几天的时间，就打到京城。山海关战役以后，李自成慌忙退出北京，多尔衮乘胜占领了北京。

2. 华雄偷袭孙坚

公元189年，董卓废少帝，改立刘协为汉献帝，自任相国，总揽朝纲于一身。袁术袁绍从渤海起兵，征讨董卓，关东各郡州相继而起。董卓的大将华雄守汜水关，抵御联军的进攻。

盟军的先锋孙坚骁勇无比，所到之处攻无不克，打败华雄后，率军直逼汜水关下，一面向袁绍报捷，一面到袁术处催粮，准备攻关。

有人给袁术进谗言说："孙坚是江东的一只猛虎，如果他攻破了洛阳，杀了董卓，如同除狼得虎，莫如不发给他粮草，以减孙坚的气势。"袁术听罢，便不给孙坚粮草。

正准备攻关的孙坚，军中因缺少粮食供应，不时出现骚乱。守关的华雄、李肃得到消息后，商议说："我们可趁孙坚军中发生内乱之机去反攻他。这是打败孙坚的大好时机，千万不可错过。"于是下令，当夜二更造饭，让军士们饱餐一顿，李肃率军袭击孙坚后寨，华雄袭击前寨。

孙坚正为军中无粮而气恼，听说华雄前来袭寨，忙披挂上马，率军迎敌。这时又听说后寨也受到了袭击。孙坚的部队本来就因缺少粮食军心浮动，此刻见情势危急，军兵四散而逃的极多，孙坚见势不妙，突围而走。孙坚的属下祖茂提醒他说，你的头盔太明显了，敌人一眼就能认出来。于是，孙坚把头盔换下。祖茂把孙坚的头盔挂在树枝上，远远看去，就好像孙坚本人就在那里，华雄的追兵都直奔头盔方向而去，孙坚才得以逃脱。

3. 曹操灭二袁

官渡之战后，袁绍忧郁而死。袁绍死后，幼子袁尚继位，因此招致了长兄袁谭的怨恨，兄弟之间时常兵戈相向。此时，曹操率领的军队连战连胜，斗志旺盛，便想趁袁绍死后群龙无首之机，率领大军前去讨伐，一举消灭袁氏集团。曹操首先将进攻的矛头指向占据黎阳的袁绍长子袁谭。袁谭抵抗不住，火速向自己的兄弟袁尚求助。袁氏兄弟见曹操来势凶猛，同仇敌忾，合力死守冀州城。曹操久攻不下，焦急异常。这时，谋士郭嘉献计："袁绍死后，立他的小儿子为继承人，而未立他的大儿子，这种废长立幼的做法，必然导致兄弟之间的争权夺利。这种争夺之所以还没有开始，是因为我们的进攻使他们无暇顾及。如果我们这时撤兵转而攻打势力较弱的荆州，征讨刘表，那么，袁氏兄弟争夺权势的情况就会发生。一旦他们之间的争夺开始，我们再趁其混乱出兵，就可以一举获胜。"曹操立即采纳了这一计谋。果然，曹操的大军刚一撤走，袁谭便和袁尚争夺起继承权来。双方大动干戈，相互残杀。袁谭兵败，向曹操求援。曹操本来准备坐山观虎斗，不予理睬。但谋士荀攸力劝他改变主意："如今正值天下多事之秋，而刘表据有江汉之间的战略要地，竟无四处扩张实力之意，可见其人胸无大志，不足为虑。倒是袁氏兄弟甲兵十万，占地千里，如果其和睦相处，要算计他们不是易事。如今袁氏兄弟交恶，势不两立，倘若一方取胜，兵头统于一人，等到那时，再欲征讨便困难重重了。所以，我们应趁其内乱之机而取之，机不可失，时不再来，望主公三思。"曹操从善如流，采纳了荀攸趁火打劫之计，发兵至黎阳，先与袁谭联手，进攻袁尚。次年八月，终于铲除了袁尚集团。不久，曹操围邺城，袁谭叛变。公元205年，曹操兴兵攻打南皮，袁谭奋力抵抗，最终败于曹操急攻之下，身首异处。

传世·经典国学集

三十六计

胜战计

033

第六计　声东击西

敌志乱萃①，不虞②，坤下兑上③之象，利其不自主而取之。

按语

西汉，七国反，周亚夫④坚壁不战。吴兵奔壁之东南陬，亚夫便备西北。已而吴王精兵果攻西北，遂不得入（《汉书·周勃传》附）。此敌志不乱，能自主也。汉末，朱儁⑤围黄巾于宛，张围结垒，起土山以临城内，鸣鼓攻其西南，黄巾悉众赴之。儁自将精兵五千，掩其东北，遂乘虚而入（《后汉书·朱儁传》）。此敌志乱萃，不虞也。然则声东击西之策，须视敌志乱否为定。乱，则胜；不乱，将自取败亡，险策也。

注释

①敌志乱萃：语出《易经·萃卦》。萃卦曰："乃乱乃萃，其志乱也。"乱：散乱。萃：聚会，聚集。意思是说一会儿散乱，一会儿聚集，这里指敌人的意志已经混乱。

②不虞：意想不到，未预料到。《孙子兵法·九地篇》："兵之情主速，乘人之不及，由不虞之道攻其所不戒也。"

③坤下兑上：象辞说："泽上于地，萃。"泽在地上（水在地上横流），

是萃卦。萃卦为异卦相叠（坤下兑上）。上卦为兑，兑为泽；下卦为坤，坤为地。水在地上汇聚成泽，润养万物。但泽水聚集超过一定的限度，也会造成祸患。这里用来比喻有意外的变乱。

④周亚夫：西汉名将。景帝时任太尉，平定吴楚七国之乱，迁为丞相，后因其子私买御物下狱，绝食而死。

⑤朱隽：东汉会稽上虞人（今属浙江），字公伟。任右中郎将，与皇甫嵩等镇压颖川、汝南、陈国等地黄巾军，又围攻南阳赵弘、韩忠、孙夏等黄巾军。后任右车骑将军、太尉，封钱塘侯。

译文

敌人的意志如杂草般混乱，一会儿散乱，一会儿聚集，又不能判明和应付突然事变的发生，根据萃卦的推算结果，应当从地理方位上迷惑敌人，利用敌人失去控制力（不自主）的时机将其消灭。

按语译文

西汉景帝时，七国叛乱。周亚夫固守城堡，拒不出战。吴王刘濞带兵佯攻城东南角，周亚夫识破了敌人声东击西的计谋，在西北方向加强防备。不久吴王刘濞的精兵果然进攻西北面，但没有成功（《汉书·周勃传》附）。这是统帅神志不乱，能够镇定自若、沉着应战的结果。东汉末年，朱隽包围了宛城（今河南南阳）的黄巾军，他在城外堆起一座土山观察城内的形势，当他鸣鼓进攻西南角时，黄巾军立即集结到西南面进行抵抗。在这种情况下，朱隽亲自率领五千精兵，突然袭击城的东北角，乘虚攻入城中（《后汉书·朱隽传》）。这就是敌人神智慌乱，不能正确预料和判断战场形势的结果。然而运用"声东击西"的计策，必须观察敌人是否真能被迷惑后才能决定用与不用。敌人慌乱无主时，运用这一计谋就能取胜；敌人不慌乱而有准备时，运用这一计谋将自取灭亡。因此这是一个十分冒险的计谋。

历史案例

1. 诸葛亮智取二郡

诸葛亮做蜀相的时候，曾六出祁山。公元229年，诸葛亮第三次出兵祁山，目标是夺取今甘肃东部，以扩大蜀汉势力。

闻知蜀军进犯，魏军统帅司马懿以张郃为先锋，戴凌为副将，率军十万前往祁山迎敌。

大军到达祁山后，下寨于渭水之南，当即有前锋部将郭淮、孙礼入寨参见。司马懿问道："前线情况如何？你们是否与蜀军交锋？"郭、孙二人回答说："蜀军刚到数日，尚未出战。"司马懿说："蜀军千里远道而来，利于速战，今不急于出战，其中必有阴谋。"说罢，又问陇西各路有什么信息。郭淮回答说：据派出的细作探听，陇西各郡守军都十分用心，日夜提防，并无意外情况，只有武都（今甘肃成县）、阴平（今甘肃文县西北）二处，尚未得到消息。司马懿听到郭、孙二将禀报的军情后，用心思索了一下，想出了一条计策，对郭淮、孙礼说："明日我亲自领兵出阵与诸葛亮交战，你二人可急从小路前往增援武都、阴平，并从背后掩袭蜀军，这样可使蜀军阵势自乱，我军再乘乱出击，可获全胜。"郭、孙二人受计后，立即领五千人马从陇西小路直奔武都、阴平，并将按计就势，从蜀军背后发起奇袭。未料二人领兵正行进间，忽然哨马来报，说是武都、阴平已先后被蜀将王平、姜维攻破，魏军（指郭、孙二将率领的魏兵）前锋已离蜀军不远，孙礼听到这一信息，心中顿时一阵疑惑慌乱，对郭淮说："蜀军既已攻破二城，为何尚陈兵城外？其中必定有诈，莫如赶快退兵！"郭淮赞成孙礼的意见，正要下令退兵，忽听山背后闪出一支军马来，大旗上写着"汉丞相诸葛亮"，旗门开处，诸葛亮端坐在一辆车上，左有关兴，右有张苞。郭、孙二人见此情景，不禁大惊失色，只听见诸葛亮坐在车上大声笑道："郭淮、孙礼休想逃走，司马懿搞声东击西计，怎能瞒得过我？他每日派人在正面阵前与我军交战，暗地里却教你们袭击我军背后，妄图乱我大营，我只还他个将计就计，现在武都、阴平已被我军攻取，你二人还不早早投降？"郭淮、孙礼听到这话，更是十分慌张，却又听到背后喊杀连天，原来是王平、姜维又领一支蜀军杀到，与前面的关兴、张苞形成前后夹攻之势，一时间，魏兵大败，郭淮、孙礼也只得弃马爬山而走……诸葛亮第三次出祁山，占领了武都、阴平二郡，打败了魏援军，留兵据守，胜利班师回朝。

2. 耿明声东击西得两城

刘秀建立东汉以后，为统一国土而积极努力。当时张步未降，刘秀派建威将军耿明前去讨伐。张步也积极应对，让弟弟张蓝驻守西安县（今山东桓台东），让另一太守守卫临淄（今山东淄博东北），两地互成掎角之势。

耿明大军到后，发现西安城小而坚固，守城的兵将全是精锐，临淄虽为大城，守军松懈，很易攻破。

耿明心中有数，即命令全军攻打西安，进攻时间是第五天。张蓝听到消息后也日夜练兵，严加防卫。

第五天的半夜，耿明集合全军，命令攻打临淄。将士们皆吃一惊，不少人认为攻打西安早已准备，总比攻打临淄方便些，都想不通。耿明说："不然，西安守军已知我军前去进攻，日夜防守，自顾不暇，根本顾不上救别人；临淄军根本想不到我军能突然而至，防不胜防，不难攻破。我军先攻下临淄，致使西安孤立，隔断了西安与张步的联系，张蓝只得弃城而逃，可以一举两得。如果先打西安，一时攻城不下，会增加我军伤亡，其次，即使攻下西安，敌军张蓝会率兵退守临淄，两军会合，也不好对付。第三，我军深入敌境作战，不宜久战，拖上十几日，我军粮草会难以为继。"众人猛醒，一个个争先恐后，要做打临淄的先锋。

事实果如耿明所料，当耿明兵临临淄城下，敌军才如梦初醒，无奈弃城败退。耿明不费吹灰之力，便夺取了西安、临淄两城。

3. 姜维智过阴平桥

公元263年7月，司马昭向蜀汉发动了全面进攻，派镇西将军钟会，安西将军邓艾兵分两路，直取汉中，情势危急。不久，汉中失守，姜维欲率兵去救，不料去汉中的必经之路阴平桥又被魏将诸葛绪占领，此刻姜维仰天长叹说："这是天要丧我在此地呀！"

在此绝望之际，副将宁随对他说："现在魏兵虽然切断阴平桥头，但雍州兵力必然空虚，我们如果从孔函谷抄近路去攻雍州，诸葛绪必然会撤阴平桥守军去救雍州，这时我们再取阴平桥去守剑阁，那时便可以收复汉中了，这是声东击西的计谋。"姜维想，这也是唯一的绝路逢生之计了。于是依计而行。

据守阴平桥的诸葛绪听说姜维去攻雍州了,心想,雍州是我的守地,如果一旦失守,上方怪罪下来,我可担当不起,便撤军去守雍州,桥头只留小量军士把守。

姜维率兵走出三十里左右,见魏兵奔回雍州,便回兵轻而易举地占领了阴平桥,烧毁敌寨,率兵直奔剑阁。

诸葛绪回到雍州,才知中计,立即掉头回军,赶到阴平桥时,却慢了一日。钟会以畏敌不前的罪名,将诸葛绪关进囚车送回本土,将他的军队收归己用。

4. 岑彭击溃秦丰军

秦丰于公元27年叛汉,在黎丘(今湖北宜城北)自称楚黎王。东汉光武帝刘秀派大将岑彭率领三万余人前去征讨。秦丰得知消息,率军在邓(今河南邓州)列阵迎战。针对汉军劳师远征、粮草供应困难的情况,秦丰采取了坚壁不战的方针,与岑彭军相持数月。岑彭见强攻难以奏效,便决定采取声东击西的战术,以智取胜。他宣布第二天进攻山都(今湖北襄阳西),将从秦丰那里抓来的俘虏全部释放。秦丰从逃回的俘虏口中得知消息,立即将部队移向山都,准备伏击岑彭。岑彭见敌人中计,指挥部队偷渡汉江,进攻秦丰手下将军张扬率领的部队。张军毫无防备,一触即溃。接着,岑彭又令部队沿着山谷,砍伐树木,修筑道路,进袭秦丰的老巢黎丘。秦丰大惊,急忙回师救护。岑彭与诸将依山扎营。秦丰和他的大将蔡宏趁夜来袭,岑彭早有准备,出兵迎击。秦丰败走,蔡宏被杀。岑彭因功被封为舞阴侯。

5. 贾诩智守南阳

曹操兴兵讨伐张绣,久攻南阳城不下。张绣坚守不出,曹军无可奈何,一直对峙了十几天。

曹操心想:南阳城十分坚固,周围护城壕很深,护城河的水也不浅,这样硬攻下去是空费军力。于是下令停止攻城,亲自骑马围着城池观察。回到大寨后,令军兵集中兵力攻城的西北角。

张绣的谋士贾诩在城上见此情形对张绣说："我在城上发现曹操绕城视察一周,他一定发现我城东南角上砖土新旧不一样,城池不太牢固,而且鹿角障碍也多有毁坏,便暗自选择那里为突破口,却明着来攻西北角。这是欲行'声东击西'之谋,企图夜间乘虚而入。我们可以'将计就计'多派百姓装扮成军士,佯装中其计,去虚守西北。选精壮将士夜间埋伏在城东南角的房屋里。当他由东南角入城时,我们用伏兵杀死所有入城的敌军。"张绣依计,马上吩咐诸将去准备。

曹操见城中逐渐加强了对西北角的防守,而东南角上却显得比较空虚,心中暗想,这回张绣可中了我的计了。夜间三更左右,曹操亲自率领精壮将士,从城的东南角爬过壕沟,砍开鹿障,把松动的城墙扒开豁口,军兵见城内没有动静,便鱼贯而入。这时,随着城内一声炮响,东南角的伏兵一齐杀向曹兵,曹兵偷袭入城本来就心虚,一见有大军杀出,手足失措,很快就被打败,曹操也弃马而逃。

曹操被杀得大败而归,南阳之困从而得以解除。

6. 班超降伏莎车之战

莎车国是我国古代东西方陆路交通枢纽,水草充足,是西域诸国中富庶地区之一,为汉与匈奴长期争夺之地。东汉时期,莎车国煽动周边小国归附匈奴。班超决定平定莎车,团结西域诸国共同对抗匈奴。莎车国王北向龟兹求援,龟兹王亲率五万人马,援救莎车。班超联合于阗等国,兵力只有二万五千人,敌众我寡,难以力克,必须智取。班超遂定下声东击西之计,迷惑敌人。他派人在军中散布不满言论,制造打不赢龟兹,要撤退的假象。并且特别让莎车俘虏听得一清二楚。这天黄昏,班超命于阗大军向东撤退,自己率部向西撤退,表面上显得慌乱,故意放俘虏趁机脱逃。俘虏逃回莎车营中,急忙报告汉军慌忙撤退的消息。龟兹王大喜,误认班超惧怕自己而慌忙逃窜,想趁此机会,追杀班超。他立刻下令兵分两路,追击逃敌。他亲自率一万精兵向西追杀班超。班超胸有成竹,趁夜幕笼罩大漠,撤退仅十里地,部队就地隐蔽。龟兹王求胜心切,率领追兵从班超隐蔽处飞驰而过,班超立即集合部队,与事先约定的东路于阗人马,迅速回师杀向莎车。班超的部队如从天而降,莎车军猝不及防,迅速溃败。莎车王惊魂未定,逃走不及,只得请降。龟兹王气势汹汹,追走一夜,未见班超部队踪影,又听得莎车已被平定,人马伤亡惨重的报告,无奈只得让各国退兵。自此班超威震西域。

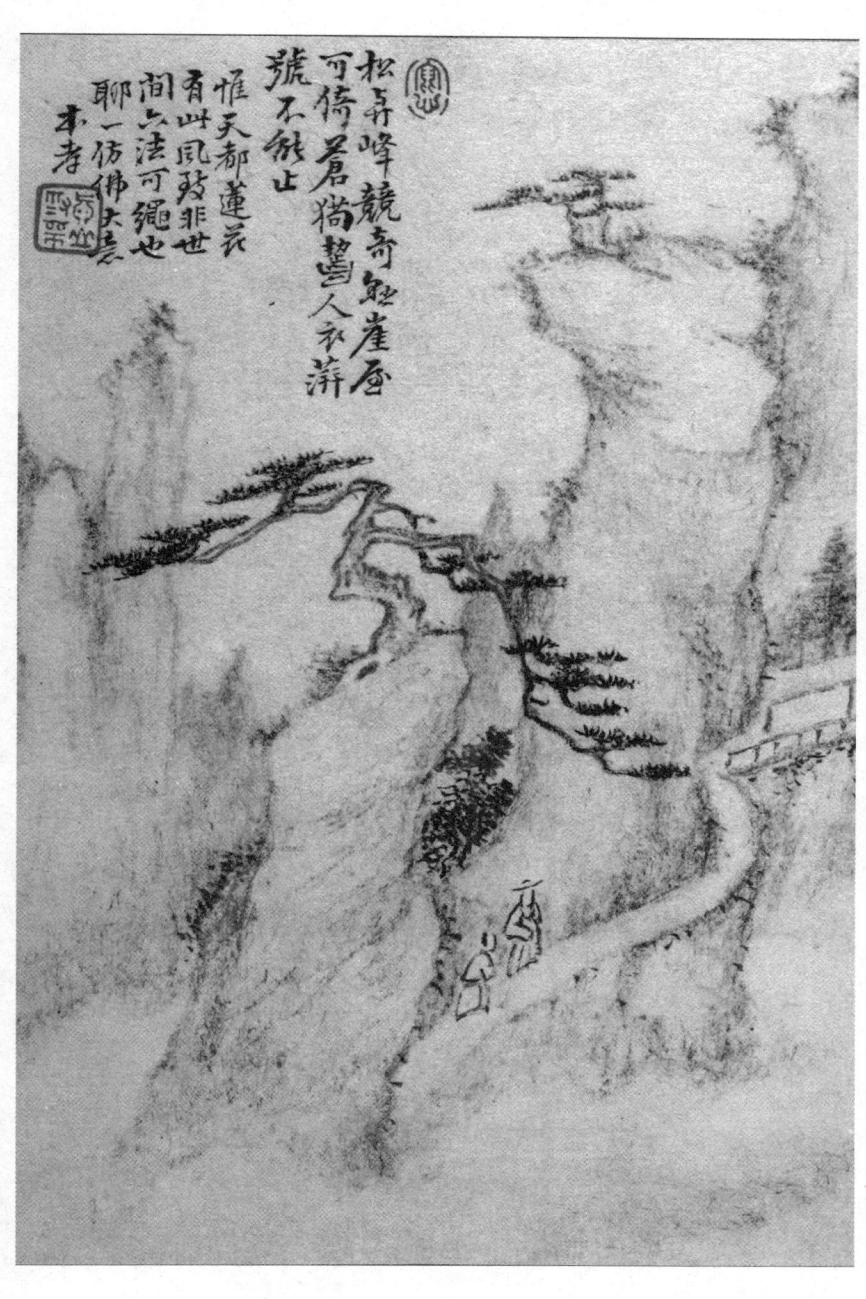

第二套

敌战计

第七计　无中生有

诳(kuáng)①也,非诳也,实②其所诳也。少阴、太阴、太阳③。

按语

无而示有,诳也。诳而不可久,易觉,故无不可以终无。无中生有,则由诳而真,由虚而实矣。无不可以败敌,生有则败敌矣。如:令狐潮④围雍丘,张巡⑤缚稿为人千余,披黑夜,夜缒城下;潮兵争射之,得箭数十万。其后复夜缒人,潮兵笑,不设备,乃以死士五百砍潮营,焚垒幕,追奔十余里(《新唐书·张巡传》)。

注释

①诳:欺诈、诳骗,指各种欺骗活动。
②实:实在,真实。
③少阴、太阴、太阳:指少阴渐变到太阴,太阴至极而转化为太阳。讲阴阳转化之理——"阳变阴来""阴极阳生"。这里指欺敌活动的发展过程,即由虚假转化为真实,使敌人再次上当受骗,达到出其不意的效果。这里的"阴"指假象,这里的"阳"指真相。
④令狐潮:唐代安禄山的部将,与张巡战于雍丘(今河南杞县)被击败,

⑤张巡：唐代南阳（今河南南阳）人，进士出身。"安史之乱"时，他任真源（今河南鹿邑东）县令，起兵雍丘，抵抗安禄山。公元757年，移守睢阳（今河南商丘南），与太守许远共同作战。城陷，与部将共遭杀害（参见《新唐书·张巡传》）。

译文

运用假象欺骗对方，但并非全部都是假的，而是让对方把真相当成假象。这就是要巧妙地运用"由阴变阳""由虚变实""由真变假"等阴阳转化之理。

按语译文

没有而装作有，就叫诳骗。诳骗不能长久行使，否则容易被对方发觉，所以没有的不能终究没有。"无中生有"就是把诳骗变成现实，由空虚变成实在。什么都没有是不可能打败敌人的，只有人为地制造出"实在"才可以打败敌人。例如：唐朝叛将令狐潮围困雍丘城，张巡用草扎束成一千多个假人，并给它们穿上黑色的衣服，趁黑夜用绳索把草人从城墙上吊下去；令狐潮的士兵争先恐后地用箭射击，因此张巡获得几十万支箭。后来，张巡在黑夜把真人吊下城去，令狐潮的士兵看着发笑，以为又是草人，也没有再提防。于是张巡趁机令五百名敢死队员突然冲进令狐潮的军营，烧毁营垒帐篷，并且追杀令狐潮的军队十多里远（《新唐书·张巡传》《战略考·唐》）。

历史案例

1. 张兴世袭钱溪

刘子勋是南朝宋孝武帝刘骏的第三个儿子，他起兵讨伐荒淫的皇帝刘子业。谁知道大军还没有进入建康城，刘子业就被刘彧（刘子业叔父）刺杀，刘彧自立为帝，公元465年即位，年号"泰始"。公元466年，刘子勋在浔阳（今江西九江）称帝，并进军繁昌、铜陵，直逼建康（今江苏南京）。刘彧调遣主力部队前去讨伐。刘子勋派部将孙冲文镇守赭圻（今安徽繁昌西南），派刘胡镇守鹊尾（今安徽铜陵境内）。刘彧派龙骧将军张兴世率水军沿江南下，一举攻占了湖口的两座城镇后，却在鹊尾洲受阻。在两军对峙的形势下，张兴世主张用一支精干部队占据上游要点，切断刘子勋军前后联系，以寻找战机，出奇制胜。钱溪位于钱江上游，地形险要，江面水流湍急且多漩涡，来往船只到此都要停泊，是刘子勋军的咽喉要地。于是，张兴世决定从这里突破。钱溪守军刘胡的部队力量不弱，张兴世便决定智取。他派出几只船快速向上游行驶，钱溪守军发觉后正要采取行动，张兴世的船只却马上掉头回走了。一连数日，天天如此，钱溪守军也就习以为常了。一天晚上，张兴世率大批战船，扬帆猛进，刘胡起初以为又是虚张声势，不加理会，后来听说来的真是大批战船，才派出一部分船只，监视张兴世的动向。第二天傍晚，张兴世在景江浦停下来，刘胡的船也停在对岸。晚上，张兴世率全部战船迅速地进入钱溪，刘胡派去监视的船只一时弄不清敌方的目的，又不明白己方主将的意图，眼睁睁看着张兴世的战船全部进入了钱溪。待到刘胡军明白过来，再派船队攻打时，张兴世已经做好防守准备。刘胡船只陷入江中漩涡，不便行动，异常拥挤，同时，又与陆上士兵失去了联系，一盘散沙，最后大败溃逃。

2. 张仪骗怀王

战国时期，七国争霸，但只有秦、楚、齐才是最有竞争力的霸主。

当时，齐楚结盟，秦国无法取胜。秦国相国张仪是个著名的谋略家，他向秦王建议，离间齐楚，再分别击之。秦王觉得有理，遂派张仪出使楚国。

张仪带着厚礼拜见楚怀王，说秦国愿意把商於地六百里（今河南淅川西南）送与楚国，只要楚能绝齐之盟。怀王一听，觉得有利可图：一得了地盘，二削弱了齐国，三又可与强秦结盟。于是不顾大臣的反对，痛痛快快地答应了。

怀王派逢侯丑与张仪赴秦，签订条约。二人快到咸阳的时候，张仪假装喝醉酒，从车上掉下来，回家养伤。逢侯丑只得在驿馆住下。过了几天，逢侯丑见不到张仪，只得上书秦王。秦王回信说：既然有约定，寡人当然遵守。但是楚未绝齐，怎能随便签约呢？

逢侯丑派人向楚怀王汇报，怀王哪里知道秦国早已设下圈套，立即派人到齐国，大骂齐王，于是齐国绝楚和秦。

这时，张仪的"病"也好了，碰到逢侯丑，说："咦，你怎么还没有回国？"逢侯丑说："正要同你一起去见秦王，谈送商於之地一事。"张仪却说："这点小事，不要秦王亲自决定。我当时已说将我的俸邑六里，送给楚王，我说了就成了。"逢侯丑说："你说的是商於六百里！"张仪故作惊讶："哪里的话！秦国土地都是征战所得，岂能随意送人？你们听错了吧！"

逢侯丑无奈，只得回报楚怀王。怀王大怒，发兵攻秦。可是现在秦齐已经结盟，在两国夹击之下，楚军大败，秦军尽取汉中之地六百里。最后，怀王只得割地求和。

张仪巧言令色，故意把"六里"与"六百里"说混，欺骗了楚怀王，不费一兵一卒就分化了齐楚联盟。

3. 宋太祖集财

北宋时期，统治者害怕武将反叛，于是年年调派将领，使"兵不知将，将不知兵"。此外，宋太祖鼓励文官武将聚敛财钱，广修房舍，这些将领只顾积蓄财产，吃喝玩乐。宋太祖此时又忧虑他们积蓄的财产过多，所以又想出一个"杯酒收钱财"的办法。

宋太祖先赐给每位将领一块宝地，让他们修建住宅。因宅地是皇上所赐，这些将领当然不敢怠慢，立即大兴土木。住宅完工后，宋太祖又赐宴招待他们，酒宴上宋太祖再三劝酒，使他们个个喝得酩酊大醉，连家都回不去了。宋太祖让每位将领家中来个公子，把他们的父亲搀扶回家。宋太祖送到大殿门，若无其事地说："你们的父亲都表示愿意捐献给朝廷十万缗（一千钱为一缗）钱。"

将领们酒醒后发现自己已经回到家里，忙问家里人自己是怎么回来的，在皇上面前是否有失礼的行为。在询问中，他们知道了捐钱之事。将领们尽管怀疑自己在酒醉时没说过向朝廷捐钱的话，但是第二天他们还是乖乖地上交了十万缗钱。

宋太祖用"无中生有"之计，既让部下交出了钱财，以充国库，又保全了皇帝的面子，一箭双雕。

4. 蔡瑁栽赃刘备

刘备劝刘表把荆州继承权留给大公子刘琦,长幼有序,立长不立幼,刘表有些动摇。刘表小儿子的舅舅蔡瑁因此怀恨在心,欲除刘备,他准备先斩后奏,但刘备却先跑一步,蔡瑁站在人去屋空的驿馆中懊悔地自责道:"我怎么只考虑如何瞒过刘表,却让刘备溜掉了!"沮丧之余,不由心中又生一计。他想,你刘备不是寄居在我荆州吗?我让你逃得了初一躲不过十五。看我让刘表来除掉你!想到这,在驿馆的墙壁上写了一首诗。诗云:"数年徒守困,空对旧山川,龙岂池中物,乘雷欲上天!"写毕,回去对刘表说:"刘备不辞而别,留在驿馆墙上一首诗,众人不解其意,请主公前往一视。"

刘表来到刘备住过的馆舍,一见墙上的诗句,不由大怒道:"这个无义狂徒,竟敢题反诗于此,我一定杀了他!"蔡瑁一听,马上应声说:"我即刻便召集兵马去铲除这个逆贼。"说着扭头便去。

刘表面对诗文心想,难怪他昨日与我饮酒时口出狂言,原来他竟怀有这么大的野心!当他跨出驿馆之际又一想,我和刘备相处这么久,从来没见他吟过什么诗。这也许是有人欲离间我们吧。想到这,回到馆舍,用剑尖削去此诗,上马回府。

此刻蔡瑁已召集完兵马正欲起程,见刘表迎面而来,便问道:"兵已点齐,是不是马上起程去新野擒拿刘备?"刘表摇摇头说:"不可造次,这件事待我慢慢从长计议。"蔡瑁这条"无中生有"的栽赃陷害之计又失败了。

5. 李广虎口逃生

汉景帝时,匈奴入侵上郡。景帝派一个宦官和李广抗击匈奴。一次,宦官出猎,道遇三名匈奴骑士,射伤了宦官和他的随从。李广闻讯,随即率百名骑兵追赶三名匈奴射手,路上望见匈奴骑兵有几千人。匈奴看见李广等只有一百多骑兵,以为是诱兵之计,都很惊疑,于是奔驰到山地摆好阵势。李广的部下毫无准备,遇见多于自己几十倍的敌人,都很恐惧,想要驰马逃回。李广说:"我们离开自己的大队人马已数十里,如果现在这样逃走,匈奴人必然追射我们,那就会被他们消灭。如果我们留在此地,匈奴人就会认为我们是大军的诱饵，不敢出击。"于是命令所有骑兵："向前进！"一下行进到离匈奴阵地二里的地方才停下来。李广又命令说："都解下马鞍，原地休息。"手下的骑兵焦虑地问："敌人众多，而且离得很近，万一有事，我们怎么办？"李广答："那些匈奴人是预计要我们往回走，然后好来追杀，现在我们偏要解下马鞍表示不走。"果然匈奴骑兵未敢出击。半夜时分，匈奴人担心埋伏的军队要夜袭他们，于是全部撤离。第二天一早，李广等百余人全身而退，平安返回部队。这一事件，充分体现了李广临危不乱、勇敢机智的才干。

6. 指鹿为马

秦始皇死后，赵高与李斯伪造诏书，赐死扶苏与蒙恬，立幼子胡亥为帝。赵高野心越来越大，想要发动叛乱。但他惧怕李斯的力量，便在公元前208年诬陷李斯通匪。胡亥信以为真，就将李斯腰斩并诛灭了九族。这本是"无中生有"的罪名，秦二世胡亥反而感激赵高："如果没有你，我几乎被李斯所害！"赵高见胡亥如此愚蠢，越发倚仗权势而胡作非为了。

李斯死后，赵高升为宰相，总揽国事，杀害异己，无恶不作。秦二世也乐得不问朝政，整日荒淫无度。

赵高仍不满足于位极人臣，想篡夺皇位，唯恐群臣因他出身低贱不听他调遣。于是想出一计以设法试探众位朝臣的反应。

有一天，他特意带来了一只鹿献给秦二世，他说："臣献给皇上一匹马。"胡亥虽然愚蠢，但不至于连鹿与马都分不清，于是，笑着对赵高说："丞相你弄错了吧？这明明是鹿，你怎么说是马呀？"赵高没有回答。秦二世转问左右的大臣们："你们说这是鹿呢，还是马呢？"朝臣中许多人畏惧赵高的权势，不敢作声，有的人为了讨好赵高，便说："这当然是一匹马了。"

后来，赵高就暗中陷害了那些说是鹿的正义之臣。从此，大家都更加畏惧赵高了。

第八计　暗度陈仓

示之以动，利其静而有主，"益动而巽（xùn）①"。

按语

奇出于正②，无正则不能出奇。不明修栈道，则不能暗度陈仓。昔邓艾③屯白水之北，姜维④遣廖化屯白水之南，而结营焉。艾谓诸将曰："维令卒还，吾军少，法当来渡而不作桥，此维使化持我，令不得还。必自东袭取洮城矣。"艾即夜潜军，径到洮城。维果来渡。而艾先至，据城，得以不破（《三国志·魏书·邓艾传》）。此则是姜维不善用暗度陈仓之计，而邓艾察知其声东击西之谋也。

注释

①益动而巽：益：增强。"巽"为风，无孔不入。语出《易经·益卦》。此卦为异卦相叠（震下巽上）。上卦为巽，巽为风；下卦为震，震为雷。意即风雷激荡，其势欲增，故卦名为益。与损卦之义互相对立。益卦曰："益动而巽，日进无疆。"这是说益卦下震为雷为动，上巽为风为顺，那么，动而合理，是天生地长，好处无穷。在军事上是指增强和发挥作战的机动性。

②奇、正：最基本的谋略范畴，也是最基本的兵法术语。正即正常，奇即奇特。

③邓艾：三国名将。初为司马懿掾属，建议屯田两淮，广开漕渠。后为魏镇西将军，与蜀将姜维相拒。

④姜维：三国名将。天水冀县（今甘肃甘谷）人。字伯约。本为魏将，后归蜀，得到诸葛亮重用，任征西将军。诸葛亮死后任大将军，屡攻魏无功。后被迫降魏。公元264年，拟叛魏复蜀，事败被杀。

译文

故意暴露自己的行动，利用敌方在此处固守之机，暗中迂回到敌人的后方偷袭，这样就能乘虚而入，出奇制胜。这就是益卦原理的演用。

按语译文

出奇制胜的用兵之法来源于正常的用兵原则，假若没有正常的用兵原则也就没有出奇制胜的用兵之法了。推而言之，如果不去明修栈道，也就不能暗度陈仓了。三国时邓艾驻军在白水的北岸，姜维则派遣廖化在白水的南岸安营扎寨。邓艾对他的几位将军说："姜维突然将他的军队撤回去了。我们的部队人数少，按常理他应该不等架桥就急速过江来进攻我们。而现在我看他们不急于架桥，这肯定是姜维想利用廖化把我们拖住，使我们不得返回。姜维他自己必定率领大部队向东袭取洮城。"于是邓艾连夜急速带领部队暗中从小路直回洮城。果不出他所料，姜维正在那里渡河。由于邓艾抢先一步赶到，并全力据守洮城，洮城才没有被姜维攻破（《三国志·魏书·邓艾传》）。这就是姜维不善于运用"暗度陈仓"之计，而邓艾则识破了他"声东击西"的计谋。

典故探源

此句原为"明修栈道，暗度陈仓"，出自《史记·淮阴侯列传》。秦朝末年，政治腐败，群雄并起，纷纷反秦。刘邦的部队首先进入关中，攻进咸阳。势力强大的项羽随后进入关中，逼迫刘邦退出关中。鸿门宴上，刘邦险些丧命。刘邦此次脱险后，只得率部退驻汉中。为了麻痹项羽，刘邦退走时，将汉中通往关中的栈道全部烧毁，表示不再返回关中。其实刘邦一天也没有忘记一定要击败项羽,争夺天下。公元前206年,已逐步强大起来的刘邦,派大将军韩信出兵东征。出征之前,韩信派了许多士兵去修复已被烧毁的栈道,摆出要从原路杀回的架势。关中守军闻讯,密切关注栈道的修复进展情况,并派主力部队在这条路线各个关口要塞加紧防范,阻拦汉军进攻。韩信"明修栈道"的行动吸引了敌军注意力,把敌军的主力引诱到了栈道一线,韩信暗中派大军绕道到陈仓(今陕西宝鸡东)发动突然袭击,一举打败章邯,平定三秦,为刘邦统一中原迈出了决定性的一步。

历史案例

邓艾灭蜀

三国后期,蜀主刘备已亡,诸葛亮也去世了,由刘备儿子刘禅继位。刘禅昏庸愚昧。当时魏国落入司马昭手中,他看到蜀主无能,于是派出三路人马,准备一举灭亡蜀国。他派邓艾和诸葛绪各统率三万军队,派钟会带领十万军队,分路出发。

这时候,邓艾领兵打过多年仗,已经是一位经验丰富的将军了。

魏军声势浩大,不久就占领了蜀国好多地方。邓艾一直打到阴平。蜀军统帅姜维,赶快带领人马,守住形势险要的剑阁,抵挡钟会的大军。

这时,钟会已经合并了诸葛绪的人马,军队变成了两路,钟会的兵力更加强大了。钟会兵力虽强,但姜维把剑阁守得牢牢的,一时攻不进去。军粮供应越来越困难。钟会正想退兵,邓艾从阴平赶到了钟会的大营。钟会的手下有十万人马,邓艾只有三万。钟会自恃兵多,骄傲自大,不把邓艾放在眼里。

邓艾对钟会说:"蜀军连吃败仗,我们应该乘胜前进才是。怎么要退兵啊?"

"剑阁被姜维拦住,我们怎么前进得了呢?"

"我想了一个办法。"邓艾建议说,"阴平到蜀国的都城成都,有一条小路。我领兵从小路打进去。姜维要是把守卫剑阁的军队调过去抵挡,你就率领大军,正好乘势前进。如果姜维不调兵救应,我就可以一直进逼成都,一举消灭蜀国。"

"那好，"钟会爱理不理地说，"那就请邓将军去完成这个任务吧！"邓艾一走，钟会嘿嘿冷笑几声，对部下将领们说："邓艾认为自己很聪明，其实他这个办法是行不通的。"

"怎么行不通呢？"将领们问。

"阴平那一带，全是高山峻岭。当年汉武帝征服西南的时候，曾经在那里凿了一条小路，但三四百年来没人走了。邓艾要冒险经过那里，如果蜀军把他的归路一截断，他进不能进，退不能退，非全军覆没不可。我们等着瞧吧！"

邓艾领军上路了，他让自己的儿子邓忠带领五千精兵，每人拿了斧头、凿子，走在最前面，逢山开路，遇水搭桥。他自己则统率大军，准备了干粮、绳索，紧跟在后面。

为了保证跟后方取得联系，军队每走一百里路，就留下几千士兵，扎下一个营寨。军队在毫无人烟的崇山峻岭中，艰难地前进，花了二十多天，走了七百多里，扎下了七座营寨，路上没有碰到一个人。每座营寨都留人把守，邓艾身边只有两千多人了。蜀军根本没有料想到，魏军会越过这一带没有道路的山地，因此魏军也没有受到一点阻挡。

蜀国驻守江油城的将军，名叫马邈。他一直提防着从大路方向来的魏军，压根儿没料到邓艾会从背后，像天兵一样地降下来，只好竖起白旗向邓艾投降了。邓艾领兵攻陷江油城后就朝绵竹方向前进。驻守绵竹的蜀国将军，是诸葛亮的儿子诸葛瞻。邓艾命令邓忠和另一个将领师纂，去进攻绵竹。魏军人数太少，两下一接触，就吃了个败仗。邓忠和师纂带领败兵回到大营，邓艾厉声说："我们现在深入敌后，一后退，便没有活路。你们给我再去攻打，打不赢，先砍了你们的脑袋！"邓忠和师纂这回下了决心，前去拼死命地猛打猛冲。从中午一直战斗到天黑，打死打伤蜀兵一大半。诸葛瞻和他的儿子诸葛尚，都在战场上战死了。魏军胜利地占领了绵竹。

刘禅一听说诸葛瞻战死，邓艾率领魏军已经迫近成都，要调回姜维的人马，已经来不及了，慌得六神无主，不知怎么办才好，只好投降。

刘禅通知蜀军不要继续抵抗，亲自带了亲属和文武大臣，出来迎接邓艾。他自己反绑着两只手,还叫人扛着一口棺材,来到了邓艾的大营。邓艾给刘禅松了绑,叫人把棺材烧了,接受了刘禅的投降。蜀国灭亡了。这时候,钟会率领的十三万大军,还远在剑阁前线呢!

邓艾用智谋攻下了蜀国,为之后全国的统一打下了基础,刘备、诸葛亮的苦心经营,就这样拱手于人了。

第九计　隔岸观火

阳乖①序乱，阴以待逆②。暴戾恣睢③，其势自毙。顺以动豫，豫顺以动④。

按语

乖气浮张，逼则受击，退则远之，则乱自起。昔袁尚、袁熙⑥奔辽东，众尚有数千骑。初，辽东太守公孙康恃远不服。及曹操破乌丸，或说曹逐征之，尚兄弟可擒也。操曰："吾方使康斩送尚、熙首来，不烦兵矣。"九月，操引兵自柳城还，康即斩尚、熙，传其首。诸将问其故，操曰："彼素畏尚等，吾急之，则并力；缓之，则相图，其势然也。"《三国志·魏书·武帝纪》或曰：此兵书火攻之道也。按兵书《火攻篇》前段言火攻之法，后段言慎动之理，与"隔岸观火"之意亦相吻合。

注释

①乖：违背，不和谐，不协调。
②逆：叛逆。
③戾：凶暴，猛烈。恣睢：放纵，任意胡为。

④顺以动豫，豫顺以动：语出《易经·豫卦》。本卦为异卦相叠（坤下震上）。本卦的下卦为坤为地，上卦为震为雷。坤者顺，震者动。顺其性而动者，莫不得其所。"顺以动豫，豫顺以动"，讲顺物性而动的道理。豫卦曰："豫，刚应而志行，顺以动，豫。豫顺以动，故天地如之，而况'建侯行师'乎？天地以顺动，故日月不过而四时不忒。圣人以顺动，则刑罚清而民服，豫之时义大矣！"意思是说阳刚与阴爻相应，即可纵横天地之间，更何况建立公侯之业、行师打仗这些事呢？天地顺着自然而动，所以日月的运行没有过差，四时的循环没有差错。圣人顺着自然而动，就会刑罚清明，人民服从。正因为豫卦之意识顺时而动，所以天地就能随和其意，做事就顺当自然。

⑥袁尚、袁熙：三国时袁绍的儿子。袁绍死后，他的儿子袁谭和部将郭图在南皮城被曹操杀害。袁尚、袁熙被魏将焦触、张南所攻，逃奔辽西乌丸。乌丸败，又投奔辽东公孙康（参见《三国志·魏书·袁绍传》）。

译文

敌方内部明显地表现出多方面混乱时，我方应暗中观察和等待其内部发生叛逆。待其反目成仇，穷凶极恶之时，势必自取灭亡，这就是豫卦所讲的"顺以动豫，豫顺以动"的道理。

按语译文

当敌方内部明显地表现出浮乱时，若直接进逼，必然会使敌人抛开内乱而齐心还击；若是退避得远远的，敌人内部必然会发生混乱。从前，袁尚、袁熙被曹操击败后率领数千残兵逃到辽东。起初，辽东太守公孙康仗着离曹操遥远，并不臣服曹操。后来曹操击败乌丸，有人建议曹操立刻乘胜去征服公孙康，就能擒获袁氏兄弟。然而曹操却说："让公孙康自动杀掉袁尚、袁熙，把首级送来吧，就不要劳师动众了。"九月间，当曹操率领大军从柳城归来时，公孙康果然杀了袁氏兄弟，并把他们的首级送上。众将领向曹操请教其中道理，曹操说："公孙康向来惧怕袁尚二兄弟吞并他，如果我军急于用兵，他们必然会联合起来对付我；如果我慢慢地远远回避，他们必然会互相残杀，这是必然的趋势。"（《三国志·魏书·武帝纪》）有人说，这是《孙子兵法·火攻篇》所讲的道理。《孙子兵法·火攻篇》的前面部分是阐述火攻的方法，后面部分是阐述用兵慎重的道理，这与"隔岸观火"计谋意思恰好吻合。

历史案例

1. 得胜的观望者

公元208年，孙刘结成联盟，共同对抗号称八十三万人马的曹操。

庞统用连环计，使不习惯水战的曹军把所有的战船在长江上三五十为一排，首尾用铁环连锁，上铺阔板，以为这样就可以渡江如履平地了。但庞统的意图却是借东南风，采用火攻计谋。

战事开始之前，周瑜请诸葛亮到军中议事。接着诸葛亮回到刘备身边，并和刘备一起登上樊山观望长江中的火攻大战。他们怡然自得地坐在山上，观察远处孙权、周瑜同自己的死敌曹操大战的情况。

赤壁之战后，曹操败北，而在战争中处于大后方的刘备却分享了东吴抗击曹军的胜利果实，扩展了自己的势力范围，为取益州建蜀国奠定了坚实的基础。

2. 孙膑救韩

公元前342年，庞涓率魏军攻韩。韩昭侯惊恐异常，连忙派使者到齐国请求救援。

齐威王召集群臣商量此事。大家议论纷纷，莫衷一是。只有孙膑在一旁不发一言，若有所思。齐威王问计于孙膑，孙膑说："魏国自恃其武力强大，前年伐赵，今年伐韩，总有一天会侵犯齐国。如果我们现在不出兵救韩，就等于抛弃了韩国，喂肥了魏国，所以不救是没有道理的。但是，魏国刚开始攻打韩国，军队士气正旺，韩国的实力还没有受到挫伤，此时我们出兵救韩，等于让韩国坐享其成，使齐国遭受兵难，因此说马上出兵救韩也不是良策。"齐威王又问："如此说来，该怎么办呢？"孙膑回答说："我们不如先答应韩国的要求，稳住韩国人的阵脚。韩国知道齐国发兵救援，一定会奋力抵抗魏军。我们则坐山观虎斗，等到两国军队打得精疲力竭之时，齐国再出兵攻打魏军。这样，既可以保住韩国，又不使齐国军队的实力受损，两全其美，何乐而不为呢？"

齐威王采纳了孙膑的建议，对韩国的使者说："齐国救兵不日即到。"韩昭侯听说齐国出兵，就壮着胆子与魏军开战，放心抵抗魏军，大家都英勇异常，奋起杀敌。直到韩国实在不能招架，而魏军也损失惨重时，齐军才领兵救援，以最小的代价给予魏军最大的创伤。

第十计　笑里藏刀

信而安①之，阴以图②之；备而后动，勿使有变。刚中柔③外也。

按语

兵书云："辞卑而益备者，进也……无约而请和者，谋也。"故凡敌人之巧言令色，皆杀机之外露也。宋曹玮知渭州，号令明肃，西夏人惮之。一日，玮方对客弈棋，会有叛卒数千，亡奔夏境。堠骑报至，诸将相顾失色，公言笑如平时。徐谓骑曰："吾命也，汝勿显言。"西夏人闻之，以为袭己，尽杀之。此临机应变之用也。若勾践之事夫差，则意使其久而安之矣。

注释

①信：使动用法，即使敌人相信。安：使动用法，即使敌人安定，不生疑心。

②阴：暗地里。图：图谋。

③刚：刚毅。柔：柔顺。此句语出《易经·兑卦》："兑，说（yuè）也。刚中而柔外。"意思是说，"兑"是喜悦的意思。要内中刚毅，而外表显得很柔和。

译文

表面上示敌以诚信来稳住敌人，暗地里则秘密策划消灭敌人的办法；做好充分准备以后才能行动，不要使敌人发生意外的变化。这就是表面上柔和而内中却刚毅的道理。

按语译文

《孙子兵法》上说："敌人的态度表现得谦卑，而军队却在暗中加紧准备，这是敌人要向我方发起进攻的征候……没有具体条约文字而请求媾和的，一定是另有阴谋。"所以，凡是敌人花言巧语、满脸堆笑的，这都是暗藏杀机的外在表露。宋朝的曹玮镇守渭州，纪律严明，西夏人为此都很害怕他。有一天，曹玮正在与客人下棋，突然有几千名士兵叛变，逃奔到西夏的境内去了。当边防的侦察员迅速来报告时，曹玮下面的将领都大惊失色，而曹玮却依旧谈笑自如，好像什么事儿都没有发生。他不慌不忙地对侦察人员说："这都是按照我的命令去行事，你们千万不要声张。"西夏人听说后，以为这些叛军是宋营派来刺探军情的奸细，于是便把他们全杀掉了。这就是"随机应变"计谋的运用。就像越王勾践要报复吴国一样，越王勾践卧薪尝胆、百恭百顺地伺候夫差，竟然能使夫差长期安逸而失去戒备。这也是勾践成功地应用了"笑里藏刀"之计的结果。

典故探源

此语选自《新唐书·李义府传》："义府貌柔恭，与人言嬉怡微笑，而阴贼褊忌著于心，凡忤意者皆中伤之，时号义府'笑中刀'。"意思是：李义府表面上温柔恭让，与人交往，总是面带笑容，给人一种善良、纯真、诚恳的感觉，其实他的心里却十分刻薄、奸诈和狠毒。凡不合他意的人，都要用诡计陷害中伤。所以当时的人都称他是"笑里藏刀"的人。

历史案例

1. 李林甫笑里藏刀

李适之为唐太宗长子李承乾子孙。公元742年，任左相，李林甫任右相。由于正直严谨，李适之一向与李林甫不和。

有一天，两人闲谈中，李林甫劝李适之说："华山出产金矿，谁都知道，如果开工采掘，实为国家增加无穷财富，你何不奏闻皇上？"李适之是老实人，亦认为有理可行，果然上折奏知唐明皇。

唐明皇召见李林甫问："适之所奏华山有金矿可采，你知道吗？"

李林甫饰词相答："小臣近常为陛下的疾病担忧，深知华山金矿的那一方位，实为陛下本命，地下隐伏着王者之气，如果采掘，不利于陛下龙体，臣正以此为忧，故不敢将此事奏闻。"

唐明皇听此，认为李林甫才是最体贴的忠义之臣，而李适之存心整蛊，从此对李适之逐渐疏远，终于免除其官职，由李林甫一人当政。

李林甫当权，第一步就是排除异己，引用一班亲戚贪佞之人，对那些正直之士，务必除之而后快。

有一位名重一时的绛郡太守严挺之，唐明皇对他十分敬重，要加以大用。李林甫看在眼里，怕重用此人后会影响自己的权位，乃想办法把严挺之的弟弟严损之找来，说他和令兄如何之相好，怎样之深交，并且当面许诺一定保奏他做个员外郎，以示关切和对好友严挺之的敬意。然后再透露说："皇上对令兄非常敬重，我们必须想个办法把令兄内调回京，方能及时水到渠成。"

严损之已被迷魂汤灌得晕晕乎乎，便问有什么办法。李林甫故意想半天才说："不如这样，你写封信给令兄，叫他写一封呈文来，说患有风湿病，希望能到长安来就医，我自会代他设法。"

严挺之接到弟弟家书后，信以为真，还认为李林甫对自己另眼相看，便如所述，写了一封"乞调回京就医"呈文。

李林甫拿到这通奏折，即跑去参见唐明皇，说："严挺之年事已高，又患风湿重症，行坐甚为不便，不如给他一个闲官，调到气候好的地方去调养，也正好见圣上对下臣的体贴。"

唐玄宗毫不犹豫地批准了李林甫的建议，给了严挺之"员外詹事"这样一个闲职。

2. 公孙鞅轻取吴城

公元前340年，公孙鞅劝秦孝公说："秦国和魏国，好像一个人患有心腹疾病，不是我亡你，就是你亡我。现在秦国强盛，可趁机攻打魏国。魏国如被打败，必定东迁，秦国便可顺势占有黄河崤山的险要地势，向东控制各诸侯，完成千秋霸业。"孝公于是命公孙鞅带兵攻打魏国。公孙鞅大军直抵魏国吴城城下。这吴城原是魏国名将吴起苦心经营之地，地势险要，工事坚固，正面进攻恐难奏效。公孙鞅苦苦思索攻城之计。他探到魏国守将是与自己曾经有过交往的公子行，心中大喜。他马上修书一封，主动与公子行套近乎，说道，虽然我们俩现在各为其主，但考虑到我们过去的交情，还是两国罢兵，订立和约为好。念旧之情，溢于言表。他还建议约定时间会谈议和大事。信送出后，公孙鞅还摆出主动撤兵的姿态，命令秦军前锋立即撤回。公子行看罢来信，又见秦军退兵，非常高兴，马上回信约定会谈日期。公孙鞅见公子行已钻入了圈套，暗地在会谈之地设下埋伏。会谈那天，公子行带了三百名随从到达约定地点，见公孙鞅带的随从更少，而且全部没带兵器，更加相信对方的诚意。会谈气氛十分融洽，两人重叙昔日友情，表达双方交好的诚意。公孙鞅还摆宴款待公子行。公子行兴冲冲入席，还未坐定，忽听一声号令，伏兵从四面包围过来，公子行和三百随从反应不及，全部被擒。公孙鞅利用被俘的随从，骗开吴城城门，占领吴城。

公孙鞅设计打败了魏军，并俘虏了魏将公子行。魏国国内空虚，被迫把河西地区拱手让给了秦国，把国都由安邑迁到了大梁（今河南开封西北）。公孙鞅得胜班师回朝，秦孝公把商、於等十五邑封给他，号称"商君"。

第十一计　李代桃僵

势①必有损，损阴以益阳②。

按语

我敌之情，各有长短。战争之事，难得全胜。而胜负之决，即在长短之相较；而长短之相较，乃有以短胜长之秘诀。如以下驷敌上驷，以上驷敌中驷，以中驷敌下驷之类，则诚兵家独具之诡谋，非常理之可测也。

注释

①势：势态，局势。

②阴：这里指某些细微的、局部的事物。阳：这里指整体意义的、全局性的事物。益：补充，增加。"损阴以益阳"用在军事谋略上，就是要敢于以某种损失为代价来换取最终的胜利。此时的指挥者应当机立断，做出某些局部或暂时的牺牲，去争取全局的、整体性的胜利。这就是我国古代阴阳学说中的阴阳相生相克、相互转化的道理。

译文

如果形势所逼，必须做出一定的牺牲，那就应该当机立断，放弃局部的利益去换取整体的利益。

按语译文

敌我双方的情况，各自都存在着优势和劣势。在战争中，很难取得全面的胜利。而双方的胜败，就在于双方力量中的长处与短处、优势与劣势的较量；在长处与短处、优势和劣势的较量中，也存在着劣势战胜优势的巧妙方法。比如田忌赛马，就用自己的下等马对对方的上等马，用自己的上等马对对方的中等马，用自己的中等马对对方的下等马之类的巧妙方法取得了胜利，这就是军事家独具的谋策，并不是用常理可以推断的。

典故探源

李代桃僵，语出《乐府诗集·鸡鸣》："桃生露井上，李树生桃傍。虫来啮桃根，李树代桃僵。树木身相代，兄弟还相忘？"本意是指兄弟要像桃李共患难一样相互帮助，相互友爱。此计用在军事上，指在敌我双方势均力敌，或者敌优我劣的情况下，用小的代价，换取大的胜利的谋略。很像象棋比赛中"舍车保帅"的战术。

历史案例

1. 赵氏孤儿

春秋时期，晋景公继位后重用奸臣屠岸贾，屠岸贾罗织罪名陷害权倾一时的赵氏一家，把赵家全家老小杀得一个不留。幸好赵朔之妻庄姬公主已被秘密送进宫中。屠岸贾闻讯必欲赶尽杀绝，要晋景公杀掉公主。景公念在姑侄情分，不肯杀公主。公主已身怀有孕，屠岸贾见景公不杀她，就定下斩草除根之计，准备杀掉婴儿。公主生下一男婴，屠岸贾亲自带人入宫搜查，公主将婴儿藏在裤内，躲过了搜查。屠岸贾估计婴儿已偷送出宫，立即悬赏缉拿。

赵家忠实门客公孙杵臼与程婴商量救孤之计：如能将一婴儿与赵氏孤儿对换，我带这一婴儿逃到首阳山，你便去告密，让屠贼搜到这个假赵氏遗孤，方才会停止搜捕，赵氏嫡脉才能保全。程婴的妻子此时刚生下一男婴，他决定用亲子替代赵氏孤儿。他以大义说服妻子，忍着悲痛让公孙杵臼把儿子带走。程婴依计向屠岸贾告密。屠岸贾迅速带兵追到首阳山，在公孙杵臼居住的茅屋,搜出一个用锦被包裹的男婴。于是屠岸贾摔死了婴儿。他认为已经斩草除很,放松了警戒。在忠臣韩厥的帮助下,一个心腹假扮医生,入宫给公主看病,用药箱偷偷把婴儿带出宫外,程婴已经听说自己的儿子被屠岸贾摔死,强忍悲痛,带着孤儿逃往外地。过了十五年后,孤儿长大成人,知道自己的身世后,在韩厥的帮助下,兵戈讨贼,杀了屠岸贾,报了大仇。

程婴见赵氏大仇已报,陈冤已雪,不肯独享富贵,拔剑自刎,他与公孙杵臼合葬一墓,后人称"二义冢"。赵氏孤儿恢复本姓,被赐名赵武。

2. 岳钟琪平叛

公元1720年,因准噶尔部入扰西藏,清将岳钟琪奉命随定西将军噶尔弼入藏。他率领四千人马先到察木多,通过密探得知,此地各部落都已经叛乱,准噶尔叛军已派重兵驻扎三巴桥。

三巴桥是进藏的第一个要隘。叛军一旦毁了桥,清军入关就比登天还难。

在清军大队人马尚在千里之外时,岳钟琪只有几千人马在此。死拼硬打是不行的。于是他提出了"李代桃僵"之计。

岳钟琪亲自在军营中挑选了三十名精兵,练习藏语,身穿藏服,扮成藏兵。一切准备停当,他亲自率兵,快马加鞭地向准噶尔使者的驻地洛隆宗(今西藏昌都洛隆)疾驰而去。由于装扮得逼真,这支奇兵顺利通过了叛军的哨卡,潜入了准噶尔使者的住处,一举将叛军使者擒获。

岳钟琪历数准噶尔首领的叛国罪行,下令将使者斩首,并派人把叛将使者的人头送到叛将那里。警告他们,如果投降,既往不咎;如果顽抗,也是同等下场。那叛将头目一个个吓得目瞪口呆,以为神兵自天而降,纷纷表示愿意归顺。

西藏叛乱平定后,岳钟琪师还四川,授左都督,赐孔雀翎。

3. 完子保国

公元前481年,齐国大夫田成子杀齐国国君齐简公,立简公弟骜为平公,自任相国,扩大封地,自此田氏专国政。

越国借口说田成子篡权诸侯，出兵攻打齐国。田成子一看慌了手脚，急忙召集幕僚商量对策。有的说："越国来犯，实属欺人太甚，我国虽兵力不如越国强大，但可以动员全国军民，共同迎敌。"有的说："时下国内人心浮动，许多臣民还没有来得及享受到相国的恩惠。如果倾城出动，恐怕难得民心，难以服众。"有的建议："相国何不效仿他国，割让几个城池给越国，或可免动干戈。"争来争去，田成子都觉得不是破敌良策。他心里琢磨：倾城出动迎敌，不仅耗费国力太大，而且仅靠一批善战勇士带领老百姓去打仗，不一定能获胜，现在自己地位又不太稳定，闹不好还会出现反戈一击的局面。割让城池也非上策，自己刚刚掌权，就舍城丢池，将来难以建立威望，后患无穷。

正当他苦思冥想时，他的哥哥完子向他献计说："我请求相国准许我率领一批贤良之臣出城迎敌，迎敌一定要真打，打一定要战败，不仅战败而且一定要全部战死。如此，可退越兵，保全国家。"此言一出，满座皆惊，田成子不解地问："出城交战似可准许，只是交战一定要败，败还一定要死，这我就不明白了，请问何故如此呢？"完子从容回答："相国现在占据齐国，老百姓不了解你的治国本领，没有看到你的政绩，有的私下里议论纷纷，说你是窃国之盗，不一定愿意为你打仗。现在越国来犯，而贤良之中又有不少骁勇善战之臣，认为我们蒙受了耻辱，急于出兵迎战。在我看来，出现这样的情况，我们齐国已经很令人忧虑了。"

"王兄所言极是，可为什么非得你去主动战死才能保全国家呢？难道没有别的办法吗？"田成子仍苦思不得其解。完子说："越国出兵无非是要在诸侯面前抖抖威风，捞个正义的名声，况且，以他现在的实力完全吞并我们还不可能。我带领一批贤良之士出兵迎敌，战而败，败而死，这叫以身殉道，越国一看杀死了相国的兄长，'教训'我国的目的也就达到了。而随我战死的那些人也为国尽了忠心，没有战死的也不敢再回到齐国来，这样一来，国内的人心也就稳定了，所以，据我看来，这是唯一的救国之计了。"

田成子边听边流泪，只好听从兄长的建议，哭着为他送别。果然，完子以身殉道，救了齐国。

田成子凭借牺牲完子，保住了自己的地位，换得了国内的安定。

第十二计　顺手牵羊

微隙在所必乘①，微利在所必得。少阴，少阳②。

按语

大军动处，其隙甚多，乘间取利，不必以战。胜固可用，败亦可用。

注释

①微：小。隙：疏忽，漏洞。这里指敌方的某些漏洞、疏忽。乘：这里是"抓住"的意思。

②少阴：小的损失，此指敌方小的疏漏。少阳：小的利益，此指我方小的利益。此句意谓我方要善于捕捉时机，伺隙捣虚，变敌方小的疏漏为我方小的利益。

译文

（敌方）细微的疏忽也必须抓住利用，无论多么微小的利益我方也必须得到。变敌方小的疏忽为我方小的利益。

按语译文

（敌人的）大部队在调动的过程中一定会有很多漏洞，要利用敌人的疏忽来获取利益，不一定要通过正规的作战方法。这个方法，在胜利的形势下本来就可以使用，在失败的形势下也可以使用。

历史案例

土木堡之困

公元1449年，瓦剌太师也先亲自率领大军进犯明朝，攻打大同。明英宗决定御驾亲征，命王振为统帅。明军粮草没有准备充分，五十万大军仓促北上。一路上，又连降大雨，道路泥泞，行军缓慢。也先闻报，满心欢喜，认为这正是捉拿英宗平定中原的大好时机。等明朝大军抵达大同的时候，也先命令大队人马向后撤退。王振认为瓦剌军是害怕明朝的大部队，畏缩而逃，于是下令追击瓦剌军。也先早已料到，已派骑兵精锐分两路从两侧包围明军。明军先锋朱瑛、先晃，遭到瓦剌军伏击，全军覆没。明英宗无可奈何，只得下令班师回京。

明军撤退到土木堡（今河北怀来东），已是黄昏时分。大臣们建议，部队再前行二十里，到怀来城凭险拒守，以待援军。王振以辎重未到为理由，坚持在土木堡等待。也先生怕明军进驻怀来，拒城固守，所以下令急追不舍，在明军抵达土木堡的第二天，就趁势包围了土木堡。

土木堡是一高地，缺乏水源。瓦剌军控制了当地唯一水源——土木堡两侧的一条小河。明军人马断水两天，军心不稳。也先又施一计，派人送信给王振，建议两军议和。王振误以为这正是突围的好时机，他急令部队往怀来城方向突围。这一下正中也先诱敌之计，明军离开土木堡不到四里地，瓦剌军从四面包围上来。明军惊恐，指挥失灵，加之不熟悉临阵配发的火器的性能。未经几战便全军大溃，死伤不计。英宗被俘，随征将臣张辅、邝埜等五十余人被摘，王振被愤怒的护卫将军樊忠以锤击杀，这就是历史上著名的土木堡之困。在这次战争中，明军粮草不足，又行军缓慢；败退中又没有拒险以守。正可谓"大军动处，其隙甚多"。而也先正是"乘间取利"，抓住了明军的漏洞，轻而易举地俘获了明英宗。

第三套

攻战计

第十三计　打草惊蛇

疑以叩实①，察而后动；复者，阴之媒②也。

按语

敌力不露，阴谋深沉，未可轻进，应遍探其锋。兵书云："军旁有险阻、潢井、葭苇、山林、蘙荟者，必谨复索之，此伏奸之所处也。"（《孙子兵法·行军篇》）

注释

①疑以叩实：发现了疑点就应该询问清楚。叩：问，查究。
②复：反复。阴：此指某些隐藏着的、暂时尚不明显或未暴露的事物、情况。媒：媒介。

译文

对于有疑问的要予以询问核对，待情况完全掌握以后再行动。反复查看询问，是发现隐藏之敌的重要手段。

按语译文

敌人的情况没有暴露出来，其阴谋深藏不露，此时万万不能轻举妄动贸然前进，应该采用各种方式从不同的侧面探明其锋芒所在。《孙子兵法》

里说:"行军的路旁如有重险关隘、湖沼、芦苇、灌木茂盛的地方,必须谨慎地反复进行搜索,因为这些地方都是敌人可能隐匿伏兵和奸细的地方。"(《孙子兵法·行军篇》)

典故探源

打草惊蛇,语出段成式《酉阳杂俎》:唐代王鲁为当涂县令,搜刮民财,贪污受贿。有一次,县民控告他的部下主簿贪赃。他见到状子,十分惊骇,情不自禁地在状子上批了八个字:"汝虽打草,吾已惊蛇。"

历史案例

1. 贺龙严词惩领事

公元1925年,贺龙驻守沣州。沣州位于沣水之滨,水上交通十分便利。因此,这一带私运军火、走私毒品等不法活动非常猖獗,一些外国商人勾结国内利欲熏心的官僚、军阀,利用水运的便利条件,频繁出没在这一地区,猖狂从事走私活动。贺龙对此十分痛恨,上任后下决心要整治这一社会毒瘤。

有一天,值勤士兵发现一艘英国商船上的货物内夹有枪支弹药和不少鸦片。遵照贺龙的命令,士兵将船扣留。

船被扣了,英商慌了。他们立即去长沙找英国领事商量对策。

英国领事仗着有湖南省政府的支持,见了贺龙,就傲慢地问:"请问贺镇守使,我大英公民来华经商有何罪?"

只见贺龙不紧不慢地说:"正当经商,当然一点罪也没有。不仅无罪,我们还非常欢迎。"

"那为什么扣留我们的商船?"英国领事拍着桌子大怒。

贺龙不动声色地说:"领事阁下,我怎敢扣留贵国商船?省政府安排我在此当镇守使,我只不过是例行公事。只要你将船上的货物列个清单,我们查对无误,就立即放行。"

英国领事见贺龙态度温和,以为他软弱可欺,就当场列清单,不过,他们并没有、也不敢列出枪支弹药和鸦片。

贺龙接过货单一看，故意追问："是否全部列出？没有漏掉的吗？"

英商和英国领事急忙点头，他们哪里考虑那么多，认为贺龙只不过是"例行公事"，心想，你赶快放船吧！

这时，贺龙传令，叫进一名年轻的军官，将英国领事亲笔写下的货单交给他，说："我叫你们检查那条被扣商船上所载的货物，你们检查结果与货单相符吗？"

年轻军官看看货单，立即回答："报告长官，船上还有不少枪支和鸦片。"

贺龙笑了，他一步一步走近英国领事说："领事阁下，误会了。我们扣留的这条船上有枪支弹药，还有鸦片，你说你们那条船没有这些货物，看来我们扣留的是另外一条走私船，与贵国无关。请你们回长沙好了。"面对强敌，贺龙的话语十分灵活。

英国领事听贺龙这么一说，一下子呆住了。因为他怎么也没想到，眼前的这个贺龙这么厉害。英国领事和省府官员一时不知所措，很久没有开口。

过了一会儿，英国领事不得不装出一副笑脸对贺龙说："那条船的确是英国商船。他们带的鸦片是自己吸的。贺镇守使如此忠于职守真是令人佩服，佩服！"

贺龙毫无表情地说道："那么，请阁下在原来的货单上把枪支弹药和鸦片列上。"

英国领事以为刚才的阿谀奉承起到了作用，补上货单可能会放行。于是，英国领事命令英商在原货单上补写了"枪支弹药"和"鸦片"。英国领事、英商在货单上签了字，省府官员为证人也签了字。

贺龙拿着清单，把脸沉下来，十分严肃地说道："尊敬的领事阁下，按照国际法规定，私运军火要严惩，走私毒品更要从严！贵国商人无视国际法，危害我国的主权和尊严，理所当然应予严惩！"

就在贺龙义正词严地说这段话的时候，几位军人将标有英国商标的几箱军火、鸦片抬进大厅。贺龙指着箱子，厉声说："现在人证、物证俱在，我们将向全世界公布。领事阁下，你还有什么话要说？"

英国领事和政府官员这才明白，这都是贺龙用了"打草惊蛇"之计，巧妙地制止了他们非法走私弹药和鸦片。

2. 崤山之战

秦穆公时期，秦国国力日盛。晋文公去世后，秦穆公便有图霸中原之意。公元前628年，他打算利用自己潜伏在郑国的内应，里应外合，攻打郑国以试探诸侯。大夫蹇叔以为秦国离郑国路途遥远，兴师动众长途跋涉，郑国肯定会做好迎战准备。秦穆公不听，派孟明视等三帅率部出征。蹇叔在部队出发时，痛哭流涕地警告说，恐怕你们这次袭郑不成，反会遭到晋国的埋伏，只有到崤山去给士兵收尸了。

果然不出蹇叔所料，秦军行军途中遇到了郑国商人弦高。机警的弦高马上意识到秦军是要攻打郑国，于是计上心来，冒充郑国使者犒劳秦军。这一举动让秦军十分吃惊，以为郑国已有准备，只得回师，但部队长途跋涉，十分疲惫，经过崤山时，仍然不做防备。他们认为秦国曾对晋国刚死不久的晋文公有恩，晋国不会攻打秦军。哪里知道，晋国得知秦军动向后，为维护霸主地位，便决心打击秦军，因此早在崤山险峰峡谷中埋伏了重兵。一个炎热的中午，秦军发现晋军小股部队，孟明视十分恼怒，下令追击。追到山隘险要处，晋军突然不见踪影。孟明视一见此地山高路窄，草深林密，情知不妙。这时鼓声震天，杀声四起，晋军伏兵蜂拥而上，大败秦军，生擒孟明视等三帅。弦高打草惊蛇，识破秦军图谋，使其无功而返。秦军轻举妄动，过险地而不察敌情，终于遭到惨败。

3. 阴姬如愿以偿做王后

中山国国王的两个爱妃阴姬和江姬都想做王后，明争暗斗，争夺得十分激烈。她们之间的争夺对于中山王的谋臣司马喜来说，是一个谋求个人发展的良好机缘。

老谋深算的司马喜暗中求见阴姬，一本正经地对她说："争夺王后可不是一件轻松好玩的事。事若成，则为国中第一夫人，吃不完的山珍海味，穿不尽的绫罗绸缎；事若不成，弄巧成拙，恐怕连自家的性命都难保。所以，要么放弃这个念头，要么就一举成功。你选择哪一条路呢？"

阴姬眼中流露出渴望的神情，说："我要做王后，而且要一举成功！"

司马喜不慌不忙地说："既然如此，微臣愿助你一臂之力。"

阴姬十分感激："若能成功，我必定厚报先生。"第二天，司马喜按自己的计划行事。他先写了一份奏章给中山王，说他有一个削弱赵王的想法。中山王当即召见他。司马喜请求中山王让他以使者的身份去一趟赵国，主要考察赵国的山川地形、军事设施、君臣好坏、人民贫富，然后再加以研究，提出一个详尽的方案。中山王准许了他的请求。

司马喜到赵国后拜见了赵王，公事谈完后便转入了聊天。司马喜说："我早就听说赵国是一个出美女的地方。但我在街上巡视时，发现赵国的妇女中没有特别出色的。我周游列国，跑过的地方多了，美女也见多了，但从未见过有哪个美女能与我国的阴姬相比。阴姬的容貌颜色无法用言语来形容，简直就像天上的仙女。"

赵王是个好色之徒，听了司马喜这番话顿时感到心跳加速，忙问道："你若能把她弄到赵国，我重重赏你。"

司马喜故作难色，说道："尽管阴姬只是个嫔妃，可我们大王却爱如珍宝。请大王不要把我刚才的话传出去，否则我会有杀身之祸。我在暗中替大王做这件事就是了。"回国后，司马喜愤愤不平地对中山王说："赵王不好仁义，而好武力；不好道德，而好女色。他甚至私下里打阴姬的主意，想让阴姬做他的妃子。"

"这个荒淫无耻的东西！"中山王气得大骂。

司马喜劝中山王息怒，说："眼下赵国比我们强大。如果赵王来要阴姬，恐怕我们只好送给他。若我们不从，就会招致兵戈之灾。话又说回来了，如果我们拱手将阴姬送给赵王，天下人会讥笑我们中山国懦弱无能。"

中山王为难了，问道："这可如何是好？"

司马喜见时机已到，忙献计说："只有一个办法，就是大王立阴姬为王后，以绝赵王之念。世间还没有听说要他国王后做妃子的事情呢！"

中山王认为此计甚妙。于是，阴姬在司马喜的策划下顺利地登上了王后宝座。

在这个故事里，司马喜就是运用了"打草惊蛇"之计，激怒中山王，最后才使阴姬为后。

第十四计　借尸还魂

有用者，不可借①；不能用者，求借。借不能用者而用之，匪我求童蒙，童蒙求我②。

按语

换代之际，纷立亡国之后者，固借尸还魂之意也。凡一切寄兵权于人，而代其攻守者，皆此用也。

注释

①有用者：这里是"有作为"的意思。借：这里是"驾驭"的意思。
②匪我求童蒙，童蒙求我：语出《易经·蒙卦》。本卦是异卦相叠（下坎上艮）。本卦上卦为艮为山，下卦为坎为水为险。山下有险，草木丛生，故说"蒙"。这是蒙卦的卦象。匪：通"非"，此处为"不是"的意思。童蒙：幼小无知的孩童，喻童子弱昧，必求师教诲以强立，故曰"童蒙"。此句意谓不是我求助于愚昧之人，而是愚昧之人有求于我。

译文

凡有所作为者，不可以利用，怕的是难以驾驭控制；凡没有作为者，就要利用。利用没有作为者并顺势将其控制，这就是《易经·蒙卦》所说的：并非我求助于愚昧之人，而是愚昧之人求助于我。

按语译文

每当改朝换代的时候，总会出现许多扶植亡国君主后代之事，这就是"借尸还魂"的计谋。凡是将兵权寄于他人，并代替其进行攻击或防御的，也都是这一计谋的运用。

历史案例

1. 曹操挟天子以令诸侯

东汉末年，天下大乱，群雄割据。曹操心怀大志想一统中原。但是，名不正则言不顺，言不顺则事不成。曹操一度为自己师出无名的问题而烦恼。谋士对曹操说："在历史上，晋文公接纳了周襄王，各地诸侯便纷纷地投靠于他。汉高祖为义帝孝服东征，天下之人都归心于他。自天子蒙难，您首倡义兵以来，无时无刻不感念汉室。现在，天子已到达洛阳，正是您建功立业的大好时机。您若把天子迎奉到许都，至少有三点好处：一可以顺从民心，得到百姓的拥戴；二可以借辅佐天子之机，使各地诸侯顺服；三可以取义于天下，使英才前来投效。到那时谁能与您相比呢？"

曹操闻言大喜，遂亲赴洛阳，将汉献帝奉迎至许都。说是"奉迎"，实际上是"挟持"。自此，曹操挟天子以令诸侯，成为权倾朝野的枭雄。

挟天子以令诸侯，确实有利可图。曹操欲借已经衰落的汉朝之"尸"，还自己成为中原霸主之"魂"。曹操这一谋略对于他日后的发展起了决定性的作用。

2. 刘备占荆州

刘备一直想占据荆州，早在诸葛亮的隆中对策中，就提出了以荆州为根据地的主张。所以，刘备在赤壁之战大胜后，便迫不及待地抢占了荆州。

荆州原是刘表的属地，刘备初来乍到，对当时的混乱局面一时无法控制。名士马良向刘备献计说："主公如果举荐刘表的儿子刘琦做荆州刺史，那么荆州人一定会心悦诚服。刘表是荆州的故主，刘琦是刘表的儿子，子承父业，名正言顺。这样，孙权就没有借口索要荆州了。"刘备觉得很有道理，便让刘琦做了荆州刺史。果然，荆州的局势很快安定下来，孙权也没有索要荆州。后来刘琦死了，刘备自领荆州牧，长期占据了荆州。

刘备刚入荆州，立足未稳，便借刘表之子刘琦，来收买人心。在这里，刘备借用的只是刘琦的名义，而要达到的是长期占据荆州的目的。一旦刘备站稳脚跟，刘琦便没有了作用。

3. 牧童登基做楚王

秦王暴政，陈胜、吴广在大泽乡揭竿而起，反对秦王，各地义军也纷纷响应。

陈胜战死后，楚国名将之子项梁在薛城召开会议，商量推举楚王的事宜。项梁有自立为楚王的企图，谋士范增劝告说："楚怀王当年被诱骗到秦国，惨遭杀害，世人对此铭刻于心。如果找一位楚国的后代来做楚王，不但可以笼络人心，而且各地起义军也会前来归附。"

项梁听从了范增的建议，四处派人寻找楚王的后代。最终找到了楚怀王的一个孙子，是一个十三岁的牧羊童。项梁于是拥立这个牧羊童登基坐殿，仍叫楚怀王。

新楚怀王的出现，激起了老百姓对秦朝统治者的反抗情绪，起义军信心倍增，人马不断壮大，形成了抗击秦朝的强大声势。

范增主张立楚怀王的后代为王，实质上是借尸还魂之计。楚国已被秦国所灭，属于"不能用者"，但它在当时仍有很大的号召力。于是就搬出楚国这面大旗，以令天下，借"尸"消灭秦朝。

4. 陈胜起义

秦王残暴，天下百姓"欲为乱者，十室有五"。秦二世元年，陈胜、吴广被征发到渔阳戍边，正是举兵起义的大好时机。陈胜想到，自己地位低下，恐怕没有号召力。当时有两位名人深受人们尊敬，一个是秦始皇的大儿子扶苏，温良贤明，已被阴险狠毒的秦二世暗中杀害，老百姓却不知情；另一个是楚将项燕，功勋卓著，爱护将士，威望极高，在秦灭六国之后不知去向。于是陈胜公开打出他们的旗号，以期能够得到大家拥护。他们还利用当时人们的迷信心理，巧妙地作了其他安排。有一天，士兵做饭时，在鱼腹中发现一块丝帛，上写"陈胜王"三个字，士兵大惊，暗中传开。吴广又趁夜深人静之时，在旷野荒庙中学狐狸叫，士兵们还隐隐约约地听到空中有"大楚兴，陈胜王"的口号。他们以为陈胜不是一般的人，肯定是"天意"让他来领导大家的。陈胜、吴广见时机已到，率领戍卒杀死朝廷派来的将尉。陈胜登高一呼，揭竿而起，自号为将军，吴广为都尉，攻占大泽乡，天下云集响应，节节胜利，所向披靡。后来，部下拥立陈胜为王，国号"张楚"。

第十五计　调虎离山

待天①以困之，用人以诱之②，往蹇（jiǎn）来连③。

按语

兵书曰："下政攻城④。"若攻坚，则自取败亡矣。敌既得地利，则不可争其地。且敌有主而势大，有主则非利不来趋，势大则非天人合用不能胜。汉末，羌率众数千，遮虞诩（xǔ）⑤于陈仓、崤（xiáo）谷。诩即停军不进，而宣言上书请兵，须到乃发。羌闻之，乃分抄旁县。诩因其兵散，日夜进道，兼行百余里，令军士各作两灶，日倍增之，羌不敢逼，遂大破之。兵到乃发者，利诱之也；日夜兼进者，用天时以困之也；倍增其灶者，惑之以人事也（《后汉书·虞诩》）。

注释

①待：等待。这里是利用或依靠的意思。天指天时、天候等自然条件。《孙子兵法·计篇》："故经之以五事，校之以计，而索其情。一曰道，二曰天，三曰地，四曰将，五曰法。……天者，阴阳，寒暑，时制也。"

②用人以诱之：用人为的假象去诱惑敌人。

③往蹇来连：语出《易经·蹇卦》。本卦为异卦相叠（艮下坎上）。上卦为坎为水，下卦为艮为山。山上有水流，山石多险，水流曲折，言行道之

不容易,这是蹇卦的卦象。象曰:"蹇,难也,险在前也。见险而能止,知矣哉。"意思是说,蹇卦是难,前面有危险。看到危险能停止前进,这是有智慧的表现。蹇:困难。连:连为一体的意思。这句意谓,向前有危险,就停下来巩固自己,等待情势变化。

④下政攻城:参见《孙子兵法·谋攻篇》:"故上兵伐谋,其次伐交,其次伐兵,其下攻城……"孙子认为,攻城是下策,不得已而为之。政:这里有策略的意思。

⑤虞诩:东汉陈国武平城(今河南鹿邑西北)人,字升卿,曾为武都(今甘肃成县)太守,镇压羌人起义。

译文

等待天时对敌方不利时再将其围困,用人为的假象将其诱骗。运用蹇卦的原理:往前有危险,就停下来巩固自己,等待情势转变再引诱敌人过来。

按语译文

《孙子兵法》中说:"最下的策略是围攻城邑。"倘若不顾城池坚固而硬攻,那是自己寻找失败。敌人既然占了有利的地形,就不要再从地形上去争夺。况且敌军已经有了准备,兵力强大。敌人占据地利且已有准备,无利可图他是不会轻易来进攻的;敌人兵力占优,如果我方不利用天时和人谋等有利条件就无法取胜。东汉末年,羌人首领统率数千兵马,在陈仓、崤谷中阻挡虞诩行军。虞诩就此驻军停止前进,并扬言向朝廷请求援兵,等待援兵到来后再进军。羌人听到这一消息后,信以为真,就分散开到附近县城抢掠财物去了。虞诩便利用羌兵分散开的时机,下令日夜兼程向前进军,每日疾行百余里,又命令军士驻军做饭时做两个灶,如此则灶的数量每日增加一倍,羌人以为虞诩兵力大增,不敢再逼近他们,结果虞诩大破羌兵。虞诩宣称的要等待援军到来后再向前进军,就是用利诱的方法将羌人调开了;他命令昼夜急行军,就是要利用敌人分散开的有利时机来围困敌人;加倍修灶,就是人为地制造援军陆续赶到的假象来迷惑敌人(《后汉书·虞诩》)。

历史案例

1. 公子光刺杀吴王

吴国公子光的父亲是吴王诸樊。诸樊有三个弟弟：大弟余祭，二弟夷昧，三弟季札。诸樊知道季札贤能，所以把王位传给他的弟弟，想三个弟弟依次继位，最后总能轮到季札。没想到，传到季札时，他隐匿不知去向，吴国人便立夷昧之子僚为吴王。公子光说："如果以兄弟为顺序立诸君，则季札当立为王；若以儿子为序，则我当是继承人。"所以想夺取王位。但是，吴王僚有两个骁勇非常的弟弟时刻在身边，使公子光难以下手。

公子光为此事暗中着急。伍子胥看出了公子光的心思，打算帮助他，便献计说："目前楚国动乱不安。如果你向吴王僚建议，趁楚国发生危机的时候，向楚国发动进攻，吴王僚一定会同意。然后你借口自己的脚扭伤，推举吴王的儿子掩余和烛庸带兵前去。这样，就可以剪除吴王僚的羽翼，剩下一个吴王僚就好对付了。"

吴王僚果然听从了公子光的所有建议。公子光见时机已到，便派专诸刺死吴王僚，自己做了吴王。

伍子胥设计帮助公子光，调走了吴王僚身边的"猛虎"，使吴王僚孤立无援，公子光趁机夺得了王位。

2. 长平之战

战国时，长平关是赵国的天然堡垒，易守难攻，秦国多次出兵攻打赵国，却被长平关守将廉颇击败。

秦国把坚守长平关的廉颇视为眼中钉、肉中刺，精心策划了反间计，使赵王对廉颇起了疑心，将廉颇撤换下来，派去了无实战经验、只会纸上谈兵的赵括。秦将白起为了引诱赵括离开长平关，故意打了几个败仗后退走。赵括求胜心切，轻易杀出长平关，出城追击秦军，结果进入了秦军的埋伏圈。白起将赵括的四十万大军断成两段，分而制之。

赵括只好就地筑起营垒，等待援兵。其实援兵早被白起悉数歼灭。赵括在营垒里苦等了四十余天，急得像热锅上的蚂蚁。这时秦军故意网开一面，引诱赵括强行突围，结果赵括轻易离开营垒，再次进入秦军的埋伏圈。这一次赵括回天无力，全军覆没。

在这里，秦军多次使用调虎离山之计。第一次用反间计调走了廉颇这只虎，第二次调赵括离开易守难攻的长平关，第三次诱骗赵括离开临时营垒。

3. 孙策计夺庐江郡

东汉末年，群雄争霸，孙坚之子孙策，年少有为，年仅十七岁便继承父业，打拼天下。公元199年，孙策欲向北推进，准备夺取江北庐江（今安徽庐江）郡。庐江郡南有长江之险，北有淮水阻隔，易守难攻。占据庐江的军阀刘勋势力强大，野心勃勃。孙策知道，如果硬攻，取胜的机会很小。他和众将商议，定出了一条调虎离山的妙计。针对刘勋极其贪财的弱点，孙策派人给刘勋送去一份厚礼，并在信中把刘勋大肆吹捧一番。信中说刘勋功名远播，令人仰慕，并表示要与刘勋交好。孙策还以弱者的身份向刘勋求救。他说，上缭经常派兵侵扰我们，我们力弱，不能远征，请求将军发兵降伏上缭，我们感激不尽。刘勋见孙策极力讨好他，万分得意。上缭一带十分富庶，刘勋早想夺取，今见孙策软弱无能，免去了后顾之忧，决定发兵上缭。部将刘晔极力劝阻，刘勋哪里听得进去？他已经被孙策的厚礼和甜言迷惑了。

孙策时刻监视刘勋的行动，见刘勋亲自率领几万兵马去攻上缭，城内空虚，心中大喜，说："老虎已被我调出山了，我们赶快去占据它的老窝吧！"于是立即率领人马，水陆并进，袭击庐江，几乎没遇到什么顽强的抵抗，就顺利地控制了庐江。刘勋猛攻上缭，一直不能取胜。突然得报，孙策已取庐江，刘勋知中计，后悔莫及，只得灰溜溜地投奔曹操。

孙策使用"调虎离山"之计，正是利用了刘勋贪财的弱点，引诱他离开大本营攻打别处，自己趁机占领了刘勋的地盘。这样孙策不费吹灰之力，便拥有了很大的势力范围。

不是未元晖山
非高唐
家格调
寻氤氲
聊以见
山静
鹰阿

第十六计　欲擒故纵

逼则反兵①，走则减势②。紧随勿迫，累③其气力，消其斗志，散而后擒，兵不血刃④。需，有孚，光⑤。

按语

所谓纵者，非放之也，随之，而稍松之耳。"穷寇勿追⑥"，亦即此意。盖不追者，非不随也，不追之而已。武侯之七纵七擒⑦，即纵而蹑之，故展转推进，至于不毛之地。武侯之七纵，其意在拓地，在借孟获⑧以服诸蛮，非兵法也。若论战，则擒者不可复纵。

注释

①逼则反兵：逼迫敌人太紧，他们就会拼死反扑。逼：逼迫。反：反扑。
②走则减势：逃跑了就会减弱气势。走：逃跑。
③累：拖累。
④兵不血刃：兵器上不沾血。指不费一兵一卒。血刃：血染刀刃。
⑤需，有孚，光：语出《易经·需卦》。需：卦名。本卦为异卦相叠（乾下坎上）。需的下卦为乾为天，上卦为坎为水，是降雨在即之象。也象征着一种危险存在着（因为"坎"有险义），必得去突破它，但突破危险又要善于等待。需：等待。《易经·需卦》卦辞曰："需，有孚，光亨。"孚：俘获，指

有收获。光亨：通顺。需卦意谓：要善于等待，就会有收获，就会大顺利。
⑥穷寇勿迫：参见《孙子兵法·军事篇》："围师必阙，穷寇勿迫。"
⑦七纵七擒：蜀汉诸葛亮南征孟获，七擒七纵，最后孟获心悦诚服，誓不复返。
⑧孟获：三国蜀汉时西南少数民族的首领之一。

译文

逼迫敌人太紧，敌人就会拼死反扑；故意放他一条生路，紧紧跟随而不要过分逼迫，以消耗其体力，削弱其斗志，待敌人溃不成军时再将其擒获，这样不费一兵一卒就可以取得胜利。这就是从《易经·需卦》"有孚，光亨"里悟出的道理。

按语译文

所谓"纵"者，并不是说要将敌人放走，而是要一直跟随他，只是稍微放松一点而已。"穷寇勿追"，就是这个意思。所谓"不追"者，并不是说不追踪，只是说不要把敌人追得太紧，过分逼迫。诸葛亮施用七擒七纵的计谋追孟获，就是采用了放了又跟踪的方法，所以要辗转推进，直到不毛之地。诸葛亮七次放了孟获，其用意在于拓展土地，是要利用孟获的地位使南方蛮族全部服从。严格地讲，这不属于兵法的范畴。如果从战争角度来说，已经逮住的敌人就不能轻易放走他。

历史案例

1. 苏无名探案

天授年间，武则天赐给太平公主宝物两木盒，价值黄金万两。太平公主收下后藏在了府库中，却被人全部偷走。公主告诉了武则天，武则天大怒，命令洛州令限期查出盗贼。这样，命令层层下达，落到了吏卒和巡捕头上，限令他们一天之内抓住盗贼，否则判为死罪。

吏卒、巡捕们很害怕，但又商量不出什么好办法。他们在路上遇到了湖州别驾苏无名。他们久闻苏无名才智过人，就请他到县里帮忙。县令一看来了救星，就向他请教如何抓贼。苏无名让县令和他一块儿去见武则天。武则天问道:"你有什么办法抓到贼人?"苏无名说:"若让我抓盗贼,那就不要限定日期,不要再追究州府县令们的责任,把县里的巡捕和吏卒都归我指挥,我能给您追回宝物,请您静候佳音。"

苏无名立下了军令状,吏卒们都为他捏了一把汗,但他却不慌不忙,反而叫他们先等一个月左右。到了清明节那一天,苏无名才把吏卒们全部招来,给他们布置任务,让他们五个人或十个人为一伙,在东门、北门等候。如果发现有十几个穿着丧服的胡人,出城到北邙山扫墓,就跟随在他们后边,随时来报告他们的行动。

吏卒们在东门、北门等候,果然遇到了苏无名所说的那种情况。只见那十几个穿着丧服的胡人,来到一座新坟前祭奠,他们象征性地哭了几声,眼里竟然连一滴泪水都没有。撤下祭品后,他们沿着坟墓巡视了一圈,就不禁相视而笑。苏无名一看情况果如所料,就高兴地说道:"找到盗贼了。"随即派吏卒把那些胡人全抓起来,掘开坟墓,劈开棺材一看,哪里有什么死人,而是晶莹夺目的稀世珍宝!于是上奏武则天。

武则天惊奇地问道:"你怎么这样料事如神?"苏无名解释:当他到洛州之时,正巧碰见那些胡人出葬。他们哭的声音很大,但从脸上的表情来看并不伤心,并且反而有些惊慌。他一看便猜是盗贼往城外转移赃物,但不知他们把偷的东西埋在什么地方了。清明节扫墓,估计他们要出城查看赃物是否安然无恙。他们祭奠而哭声不哀痛,可知里面埋的不是死人;又巡行坟墓相视而笑,是庆幸坟墓没有被损坏。他一开始不让官府抓贼,是害怕打草惊蛇,贼人一急,必定取出宝物逃走。官府不查,他们就放了心,因此才没把宝物取走。武则天于是赐给苏无名金帛数匹,并破格将他连升二级。

2. 刘备三让徐州

东汉末年,战乱频仍,曹操养父曹嵩带着次子曹德与妻妾打算投奔曹操所在的兖州。不料行踪泄露,被陶谦部将张闿围住,张闿杀死曹嵩及其家人,席卷财物而去。于是曹操便把账记在陶谦身上,于公元193年以为父报仇之名,发兵攻打徐州。

陶谦面对兵临徐州城下的曹操大军,自知难以抵敌,便采纳糜竺的建议，请北海相孔融、青州刺史田楷前来相救。孔融请刘备同去救陶谦，刘备遂欣然带领关羽、张飞、赵云和数千人马奔赴徐州。

刘备率军在徐州城下与曹军于禁所部小试锋芒，初战告捷，使久被曹军围困的徐州暂时缓解了危机。于是陶谦急令将刘备迎入城内，盛宴款待。陶谦席间便主动提出将徐州让给刘备，说："当今天下大乱，国将不国；公乃汉室宗亲，正当为国出力。老夫年迈无能，情愿将徐州相让。公勿推辞。我当自写表文，申奏朝廷。"刘备闻言愕然，急忙推辞说："我虽是汉室苗裔，但功德不足称道，任平原相犹恐不称职。我本是为了义气前来相助。您这样说，莫非怀疑我有吞并之心？"陶谦表白说："这是老夫推心置腹之言，决非虚情假意。"但刘备只是推辞，终不肯接受。糜竺见二人再三辞让，便说："现在兵临城下，且当商议退敌之策。待事平之后，再议相让不迟。"于是刘备写信给曹操，希望曹操以国家大义为重，撤走围困徐州之兵。恰好这时吕布攻破兖州，进占濮阳，威胁曹操后方。因而曹操便顺水推舟，卖个人情，接受刘备建议，退兵而去。

陶谦见曹军撤走。徐州转危为安，便差人请刘备、孔融、田楷等入城聚会，庆祝解围。饮宴既毕，陶谦再向刘备让徐州。刘备说："我应孔融之约救援徐州，是为义而来。现在若无端据有徐州，天下将以为我是不义之人。"糜竺、孔融及关羽、张飞等皆纷纷劝刘备接替陶谦治理徐州。刘备苦苦推辞说："诸位欲陷我于不义耶？"陶谦推让再三，见刘备终不肯受，便说："如您必不肯受，那就请暂驻军近邑小沛，以保徐州，何如？"众人也皆劝刘备留驻小沛，刘备方始同意。

不久，陶谦染病，日渐沉重，便派人以商议军务为名，把刘备从小沛请至徐州。陶谦躺在病榻上对刘备说："今番请您前来，不为别事，只因老夫病已垂危，朝夕难保；万望您以汉家城池为重，接受徐州牌印，老夫死亦瞑目矣！"刘备说："可让您的二位公子接班。"陶谦说："其才皆不能胜任。老夫死后，还望您多加教诲，千万不能让他们掌握州中大权。"刘备还是辞让，陶谦便以手指心而死。举哀毕，徐州军民极力表示拥戴刘备执掌州权，关羽、张飞也再三相劝。至此，刘备才同意接受徐州大权，担任徐州牧。

刘备三让徐州，欲擒故纵，博得了有仁有义的美名，又得到了徐州城，可谓一箭双雕。

第十七计　抛砖引玉

类以诱之①，击蒙也②。

按语

诱敌之法甚多，最妙之法，不在疑似之间，而在类同，以固其惑。以旌旗金鼓诱敌者，疑似也；以老弱粮草诱敌者，则类同也。如：楚伐绞，军其南门，屈瑕③曰："绞小而轻，轻则寡谋，请勿捍采樵者以诱之。"从之，绞人获利。明日，绞人争出，驱楚役徒于山中。楚人坐守其北门，而伏诸山下，大败之，为城下之盟而还。又如孙膑减灶而诱杀庞涓。

注释

①类以诱之：用某种类似的方法去诱惑他。
②击蒙：语出《易经·蒙卦》："上九：击蒙不利为寇，利御寇。"意思是说，攻击愚蒙之人或昏乱之国，作为侵略是不利的，作为抵御侵略是有利的。
③屈瑕：楚武王之子，封于屈，故以屈为姓。

译文

用某种类似的方法去诱惑敌人，使敌人懵懂上当。这是蒙卦原理的演用。

按语译文

迷惑敌人的方法有很多,但最妙之道,不在用似是而非的方法,而是利用类同的东西,加强敌人的迷惑。用旌旗招展、击鼓鸣锣的方法去引诱敌人,就属于似是而非的一类;以老弱残兵、遗弃粮草的方法去引诱敌人,就属于用类同的一类。例如,春秋时代,楚国征伐绞国,两军在绞国都城的南门相对峙,僵持不下。楚国大将军屈瑕向楚武王献策说:"绞国弱小,国人轻浮。轻浮则谋略少,请派遣一些樵夫去引诱绞军。"楚武王听从了他的计策,果然,绞人获得了不少楚国的樵夫。第二天,楚军又如法炮制,绞国人争相出城,追赶楚国樵夫往山上逃。此时楚军主力列阵于绞国的北门外,另设伏兵于山下,趁机发起突袭,大败绞军,迫使绞国签订了城下之盟。又如孙膑减灶而诱杀庞涓的战例也属于这类计略。

典故探源

语出《景德传灯录·赵州东院从稔(rěn)禅师》。《传灯录》云:"大众晚参,师云:'今夜答话去也,有解问者出来。'时有一僧便出,礼拜。稔曰:'比来抛砖引玉,却引得个墼子。'"(墼:jī,没有烧的砖坯。)相传唐代高僧从稔禅师对徒们的参禅要求极为严格,每个人必须集中精力,精心打坐,达到一种不受外界干扰、身心不动的佳境。有一天晚上参禅的时候,从稔禅师有意试探徒弟们的定力,说:"今夜答话,有闻法解悟者出来。"其他人都聚精会神地盘腿打坐,不为所动。唯有一个小僧出来回答禅师。从稔禅师看了看他,说了一句:"刚才我抛砖引玉,却引来一块连砖都不如的土坯子。"

历史案例

1. 窦乂经商

唐代窦乂从十三岁开始经商,白手起家,不到三十岁即成为一方巨富。他经营家业的方法只有四个字:抛砖引玉。

窦公在京城有一块空地,与一大宦官的地相邻。许多人想出钱买这块空地,而大宦官也想得到它。窦公于是把这块值五六百缗的空地拱手送给大宦官,连一个钱字都没提。对此大宦官十分领情。

不久,窦公说自己打算去江淮,希望大宦官给神策军护军(由宦官担任)写几封信。大宦官当然很乐意替他写信。窦公借这几封信招摇撞骗,总共获得三千缗。从此,他的家业开始殷实富裕起来。

后来,窦公在市郊买了一块积满水的洼地。他让女佣带着蒸饼来到洼地对当地玩耍的孩子说:"哪个孩子如果扔砖瓦片击中洼地的一个目标,就可以得到一个蒸饼。"孩子们争相往洼地里扔砖瓦片,没过多久这块洼地就差不多填平了。接着,窦公又用土铺垫一番,在上面盖起了客店,专留过往的波斯商人住宿,每天获利一缗。

在这里,窦公先吃小亏后占大便宜。如果他舍不得把值五六百缗的空地白白送给大宦官,就无从得到三千缗的钱。若他不先舍得一些蒸饼,就不能轻松地填满洼地,盖起客店。窦乂一生,生财有道,名下商铺上千间,分布于长安城的繁华闹市,人称窦家店。

2. 曹翰一画调京城

宋太宗年间,大臣曹翰因罪发配汝州。曹翰苦思返京之策。

有一天,宋太宗派使者来汝州公干。曹翰想办法见到了使者,流着眼泪说:"我的罪恶深重,到死也不能赎清,真不知如何报答皇上的不杀之恩。我现在这里悔过,有朝一日誓死报答皇上。只是我在这里服罪,家里人断了生计,缺衣少食。我这里有一幅画,请您带回京城交给我的家里人,让他们卖掉此画暂且糊口。"

使者见当年的权臣如此求他,便满口答应了,回到京城后还把此事向宋太宗做了汇报。宋太宗打开这幅画一看,是曹翰精心绘制的《下江南图》,内容是当年曹翰奉宋太祖的旨意,任先锋官攻打南唐的情景。宋太宗看到此画,马上回忆起曹翰当年立下的功勋,怜悯之心油然而生,遂下旨把曹翰召回京城。

曹翰为回京城,以一幅画作为引"玉"之"砖",终于如愿以偿。

3. 安陵缠许诺陪葬楚共王

战国时，楚共王有一个嬖妾封于安陵，叫安陵缠。

大臣江乙拜见安陵缠，说道："我听说，以钱财事人者，一旦钱财用尽，人们同他的交情就会疏远；以姿色悦人者，一旦人老色衰，她所得到的宠爱就会减退。今天你是一朵花儿，但花总要枯萎。你怎样才能让大王永远宠爱你而不嫌弃你呢？"

安陵缠连忙施礼说："我年少无知，望先生为我出主意。"

江乙说："人死不能复生，天下事没有比这更令人悲哀的了。如果你愿意日后为大王殉葬，大王一定会永远宠爱你。"

安陵缠点头道："敬听先生之言。"

有一次，楚共王带领安陵缠出外打猎。突然，一只发了狂的犀牛向楚共王冲来，旁边的弓箭手开弓放箭，一箭就射死了犀牛。楚共王满意地说："此次行猎，甚娱我心。"突然，他的脸色转为阴沉："人生如白驹过隙，我千秋万岁之后，情形将是怎样呢？"

安陵缠见时机已到，便跪在楚共王面前，眼泪涟涟地说："大王千秋万岁之后，臣妾愿与大王同葬。"

楚共王闻听，深为感动，封给她一大块领地。在这里，安陵缠陪葬的许诺是"砖"，楚共王的宠爱和一块领地则是安陵缠招来的"玉"。所以说，江乙善谋，安陵缠知时。

第十八计　擒贼擒王

摧其坚①，夺其魁②，以解其体③。龙战于野，其道穷也④。

按语

攻胜，则利不胜取。取小遗大，卒之利、将之累、帅之害、攻之亏也。全胜而不摧坚擒王，是纵虎归山也。擒王之法，不可图辨旌旗，而当察其阵中之首动。昔张巡与尹子奇战，直冲敌营，至子奇麾下，营中大乱，斩贼将五十余人，杀士卒五千余人。巡欲射子奇而不识，剡（yǎn）蒿为矢，中者喜，谓巡矢尽，走白子奇，乃得其状，使霁云射之⑤，中其左目，几获之，子奇乃收军退还（《新唐书·张巡传》）。

注释

①坚：坚固，坚实。这里指军队的主力。
②魁：首领。
③解其体：瓦解它的整体力量。
④龙战于野，其道穷也：语出《易经·坤卦》。本卦是同卦相叠（坤下坤上），为纯阴之卦。"龙战于野，其道穷也"意思是说强龙在田野大地之上争斗，它的"道"已穷尽。"龙"本来是在大海里或者天空云雨中才能施展威力，如果陷在原野里搏斗，便一筹莫展，难以挣脱失败的结局。

⑤霁云：即南霁云。唐代顿丘（今河南清丰）人，为张巡部下，张巡被围睢阳，霁云突围求救不遂，又突围八城，后与张巡一同殉国（《柳河东集·南霁云睢阳庙碑并序》）。

译文

摧毁敌人的主力，擒获敌人的首领，就可以瓦解其整体力量。就好比苍龙出海到陆地上作战，便一筹莫展，难以挣脱失败的结局。

按语译文

战争取得胜利，其利取之不尽。如果满足于小的胜利而丢掉了获取大的胜利的时机，那是士兵的胜利、将军的累赘、主帅的祸害，甚至会导致前功尽弃。如果取得全部胜利而不摧毁敌人的主力、擒获敌人的首领，就如同放虎归山，后患无穷。擒获敌人首领的方法，不能单从旌旗上去辨认，而要察看敌军的阵地上是谁在首先行动。唐肃宗时，张巡和尹子奇交战，张巡指挥的部队一直冲击到敌营的帅旗下面。当时敌营大乱，张巡指挥斩杀敌将五十余人，斩杀敌兵五千余人。可是，当张巡想用箭射死敌人首领尹子奇时，他却不认识尹子奇。张巡便命士兵用削尖的蒿秆当箭射敌。被射中的敌人发现是蒿秆后很高兴，认为张巡的箭已经射完，急忙跑去禀告尹子奇，于是张巡看清楚了尹子奇容貌。张巡便立即命令南霁云放箭射尹子奇，射中了尹子奇的左眼，差点儿俘虏了他，在这种情况下，尹子奇只好收兵回营（《新唐书·张巡传》《战略考·唐》）。

历史案例

1. 王世充智用假李密

王世充曾官至怀、汴二州长史。他天资聪敏，窥测隋炀帝的心思，阿谀顺旨，获得炀帝宠信。

有一次，王世充与李密展开一场生死决战。王世充事先找到一个长相酷似李密的人，捆起来藏在军中。当两军打得难解难分的时候，王世充命人把那个假李密牵到两军阵前，让士兵大声嚷嚷："抓到李密了！抓到李密了！"结果，王世充的军队见捉到了敌首，士气大振，而李密的军队看到主帅被擒，立即乱了方寸，大败而逃。王世充指挥军队乘胜追击，把敌人打得落花流水。

可见，王世充深深懂得擒贼擒王的道理。虽然没有真正捉到敌人的首领，但弄一个假的来充当，同样起到了瓦解敌人军心的作用。

2. 昆阳大捷

公元23年，以绿林军为主的刘玄大军在昆阳（今河南省叶县）被王莽包围。刘秀奉命突围出城，到各地召集援军。当刘秀率援军返回昆阳时，王莽的大军已将昆阳围得水泄不通。

刘秀带来的援军数量不多，即使再加上守城的部队，与庞大的王莽军相比，也是处于劣势。如果盲目地与王莽军作战，等于飞蛾投火，自取灭亡。经反复考虑，刘秀制订出擒贼擒王的作战方案：从援军中抽调精壮将士组成敢死队，首先进攻莽军的统帅部，接着大队人马紧随其后，捣毁敌人的指挥中枢，使敌人陷入混乱，然后通知守城部队出击配合，造成内外夹攻的有利局面。

攻击敌人的时刻到来了。刘秀亲率三千名勇猛强壮的敢死队员从昆阳城东迂回到城西，来到莽军中营的附近，出其不意地发动猛攻。莽军统帅王邑、王寻被这突如其来的打击弄蒙了，一时搞不清这支部队的来意，命令各营不许擅自行动。王邑、王寻带领一万人马前来迎战，以为用这些人马足以应付刘秀了。岂料刘秀手下的敢死队像狂风一样扑了过来，刀劈枪挑，勇不可当。莽军的其他部队因没有接到出击的命令，只好眼睁睁地见刘秀的敢死队和后援部队把中营打得稀里哗啦。在混战中，王寻被杀，王邑逃跑。莽军因失去了统帅顿时乱成一团。

坚守昆阳的守军这时立即打开城门，呐喊着冲了出来，与援军前后夹击，进攻王莽军队。王莽军队只能向江边逃窜，恰遇河水暴涨，淹死者不计其数。王莽仓皇逃出，退回洛阳，损失惨重。

第四套

混战计

第十九计　釜底抽薪

不敌其力①，而消其势②，兑下乾上之象③。

按语

　　水沸者，力也，火之力也，阳中之阳也，锐不可当；薪者，火之魄也，即力之势也，阴中之阴也，近而无害。故力不可当而势犹可消。《尉缭子》曰："气实则斗，气夺则走。"而夺气之法，则在攻心。昔吴汉为大司马④，有寇夜攻汉营，军中惊扰，汉坚卧不动。军中闻汉不动，有顷乃定。乃选精兵反击，大破之，此即不直当其力而扑消其势也。宋薛长孺为汉、湖、滑三州通判⑤，驻汉州。州兵数百叛，开营门，谋杀知州、兵马监押⑥，烧营以为乱。有来告者，知州、监押皆不敢出。长孺挺身出营，谕之曰："汝辈皆有父母妻子，何故作此？叛者立于左，胁从者立于右。"于是不与谋者数百人立于右，独主谋者十三人突门而出，散于诸村野，寻捕获。时谓非长孺，则一城涂炭矣！此即攻心夺气之用也。或曰：敌与敌对，捣强敌之虚以败其将成之功也。

注释

　　①敌：用作动词，攻打。力：最坚强的部位。

②消：削弱。势：气势。

③兑下乾上之象：语出《易经·履卦》。履卦曰："履，柔履刚也。"兑为阴卦，为柔；乾为阳卦，为刚。兑在下，从循环关系和规律上说，下必冲上，于是出现"柔克刚"之象。此计正是运用此象推理衍生出来的，比喻"以柔克刚"可以战胜强敌。

④吴汉：东汉初年南阳宛（今河南南阳）人，字子颜。王莽末年，亡命渔阳（今北京密云），以贩马为业。后归刘秀，为偏将军。刘秀即位后，任大司马，封舞阳侯，率军伐蜀，击灭割据益州的公孙述。事见《后汉书·吴汉传》。

⑤薛长孺：字元卿，宋代绛州（今山西新绛）正平人。历任汉、湖、滑三州通判。后知彭州。欧阳修称他淳朴谨慎、沉默少语，对群众颇有惠爱（见《欧阳永叔集·尚书驾部员外郎致仕薛君墓志铭》）。通判：职官名。宋代初年为了削减藩镇的权力，派朝臣担任通判府州军事，与知府知州共同掌管政治，后形成定例。

⑥兵马监押：宋代掌管全州军事的武官。

译文

不要直接抗击敌人的主力，只是削弱他的气势，采用"以柔克刚"的办法来制伏他，这是从履卦卦象上推演出来的计谋。

按语译文

水的沸腾，是靠力量，是火使它产生这股强大的力量，火的力量是"阳中之阳"，其锐气是无法抵挡的；柴草，是产生火力的根本，是强大力量产生的源泉，这是"阴中之阴"，靠近柴草是没有害处的，凶猛的火力虽然不能抵挡，却可以削弱产生这种力量的源泉。《尉缭子》说："有勇气时就会发起进攻，没勇气时就回避逃跑。"而瓦解敌人气势的办法就是采取攻心战术。东汉时，吴汉被任命为大司马，有一次敌人夜袭军营，营内士兵顿时惊慌失措，吴汉依然卧床不动。官兵听说吴汉卧床不动，不一会儿，军营中情绪顿时就稳定下来。这时，吴汉便挑选精锐勇士连夜反击，把敌人打得大败，这就是不直接抵挡敌人的主力而削弱其锋锐势力的策略。北宋薛长孺做汉、湖、滑三州通判时，驻军在汉州。有数百名守卫的士兵叛变，他们打开营门，图谋杀害知州和兵马监押，烧毁营房，进行叛乱。有人前来禀报，知州、兵马监押吓得都不敢露面。薛长孺挺身出营来，劝告叛兵说："你们都有父母妻儿，为什么要干这些事情？凡是叛变者站在左边，胁从者站在右边。"于是没有参加谋反的数百人站到了右边去，只有主谋的十三个人冲出营门逃跑，分散躲藏到野外的村庄里，但不久又都被捕获归案。当时人们说，若不是有薛长孺在，全城人就要遭殃了。这里用的就是"攻心夺气"的计谋。有人说：当两军对垒时，必须捣毁敌人的虚弱之处，来破坏他即将取得的成功。

典故探源

釜底抽薪，语出北齐魏收《为侯景叛移梁朝文》："抽薪止沸，剪草除根。"古人还说："故以汤止沸，沸乃不止，诚知其本，则去火而已矣。"这个比喻很浅显，道理却说得十分清楚。水烧开了，再兑开水进去是不能让水温降下来的，根本的办法是把火退掉，水温自然就降下来了。此计用于军事，是指对强敌不可用正面作战取胜，而应该避其锋芒，削减敌人的气势，再趁机取胜的谋略。釜底抽薪的关键在于抓住主要矛盾，很多时候，一些影响战争全局的关键点，恰恰是敌人的弱点。指挥员要准确判断，抓住时机，攻敌之弱点。比如粮草辎重，如能趁机夺得，敌军就会不战自乱。

历史案例

1. 韩世忠夺白面山

韩世忠是两宋之际的名将，一次，他奉命讨伐占据蕲阳白面山的刘忠。韩世忠赶到白面山下，并不急于发起进攻，而是先下棋饮酒，坚壁不动。暗里却派出侦察员侦察，掌握了敌人的大量情报。

一天夜里，韩世忠令部将率精兵两百人埋伏在白面山下，约定待刘军与官兵大部队交战时，攻进敌中军，夺下敌观察台。伏兵开拔出去后，韩世忠即率全军向刘军发起了进攻。由于战前官军没有透露出一点儿将进攻的迹象，刘忠遭到官军的突然袭击，如丧家之犬，将他的全部人马都调出去对付韩世忠。这时，伏兵见刘忠后方空虚，立即攻入中军，迅速地控制观察台，插上了官军的旗帜，并齐声呐喊。与官军正战得激烈的刘军士兵，听到观察台官军的喊叫，知道大势已去，无心恋战，纷纷逃散，各奔生路去了。刘军大败，刘忠本人投奔了刘豫。

韩世忠用计抽了"敌军观察台"这一关键的"薪"，刘忠的"火"自然也就不能燃烧了。

2. 御史救李靖

唐初，有人诬告李靖有野心，要起兵谋反，高祖李渊对此产生怀疑，派大臣去调查此事，并下令如结果调查属实，立即将李靖就地正法。

这个御史知道李靖奉公守法、体贴百姓，不可能图谋造反。说他要造反，肯定是诬告、陷害。可是，怎么才能把这件事弄个水落石出呢？御史思前虑后，想出了个办法。他请求和那个控告人一块儿去办这个案子，皇帝答应了他的请求。御史领了圣旨，和那个控告人一起，直奔岐州。走了几百里地，管行李的随从向御史报告，控告人原来写的状子丢了。御史大为恼火，用鞭子狠狠抽打那个随从。随从惊恐万状，只顾磕头求饶，很是凄惨。

看着随从那个可怜的样子，御史不忍心再打了，叹了口气，对那个控告人说："李靖谋反事实很清楚，我们奉旨去查办，谁曾想到，随从把状子丢了，这是要掉脑袋的。我们俩办不成此事，也有和李靖勾结的嫌疑，会受到严厉的惩罚。"那个控告人一听，觉得有些不妙，问御史怎么办才好。御史又摇头又叹气，表示事情非常棘手，踌躇了半天，说："要想我们都不受连累，我看只有一个办法，你再重新写一张状子，我们还是照常去查办。"那个控告人也觉得再没别的办法了，就重新写了一张状子，给了御史。控告人哪里知道，这是御史和随从定的一计，状子并没有丢，它就在御史的衣袖里。两张状子一对照，内容很不相同。御史立即返回京城，向皇帝报告了这个情况。皇帝一时闹不清这里面有什么文章。御史说："如果李靖造反真有其事，控告人不管在什么时间，在什么地方，也不管是在什么情况下，写出的状子应该是一致的，现在出入很大，有些甚至是驴唇不对马嘴，说明是控告人凭空捏造的。"皇帝立即对控告人进行审讯。果然是控告人捏造事实，诬陷李靖。

御史不直接上奏皇帝保李靖，而是巧用釜底抽薪的计策，揭开事实真相，皇帝猜疑之心也随着真相大白而消失了。

第二十计　浑水摸鱼

乘其阴乱①，利其弱而无主②。随，以向晦入宴息③。

按语

动荡之际，数力冲撞，弱者依违无主，散蔽而不察，我随而取之。《六韬》④曰："三军数惊，士卒不齐，相恐以敌强，相语以不利，耳目相属，妖言不止，众口相惑，不畏法令，不重其将：此弱征也。"是鱼，混战之际，择此而取之。如刘备之得荆州，取西川，皆此计也。

注释

①乘其阴乱：是说趁敌人内部发生混乱。阴：内部。

②利：利用。主：主见。

③随，以向晦入宴息：语出《易经·随卦》。随：卦名。本卦为异卦相叠（震下兑上）。本卦上卦为兑为泽；下卦为震为雷。言雷入泽中，大地寒凝，万物蛰伏，故如象名"随"。随：顺从。随卦曰："泽中有雷，随，君子以向晦入宴息。"意思是说，震下兑上，雷下泽上，泽中有雷，是随卦。君子因此在向晚时入室休息。意谓人要随从天时的变化作息，到了夜晚就要入寝休息。

④《六韬》：相传为周代吕尚（俗称姜太公）所著，在宋代被定为"五经七书"之一。引文见《六韬·兵征第二十九》。

译 文

趁敌人内部发生混乱，利用其力量虚弱而没有主见的时机图利谋益。就像人要随从天时的变化作息，到了夜晚就要入寝休息一样。

按语译文

在社会动荡之时，就会有多种力量相互冲突，其中弱者毫无主见，就会分散躲避而让人难以察觉，此时我方即可将其争取过来。《六韬·兵征》里说："全军多次惊慌，队伍混乱，又因把敌人估计过强而产生畏惧心理，交头接耳地说些不利的话，并且相互挤眉弄眼、谣言不断、蛊惑人心，不怕军令，不尊重将帅，所有这些都是怯弱的征象啊。"这就像无所适从的"鱼"，应该在混乱之时趁机捕捉。比如刘备得荆州、取西川，用的都是这一计谋。

历史案例

智取弓高城

公元821年，幽州反叛，直扑弓高城（今河北东光西），弓高城守卫森严，叛军一时僵持不下。

幽州兵强攻不下，只能勉强退后安营扎寨。说来也巧，唐朝朝廷派来的特使，星夜抵达城下。使者一行十人，勒马站在城下，高声呼喊："守城官兵，快快开门，我们是大唐使者！"

守城的将领心里绷紧了弦，硬是不信，直到天亮，才放他们入城。使者进城后，气得暴跳如雷，刚踏进弓高城官衙，便破口大骂："弓高守将胆大妄为，竟敢如此对待朝廷命官！"满脸狰狞，一腔愤怒。

弓高守将这才真正感到问题的严重性，忙打躬作揖赔罪："大人，日后如有这类事端发生，本官定当只身赴朝廷，负荆请罪，将手下有眼不识泰山者砍头！"

这事让潜伏在弓高城里的幽州兵奸细打听到。奸细马上向幽州叛军将领汇报。统兵将军一听，连连大笑："好，天助我也！再攻弓高，不费吹灰之力！"

这一天,幽州兵派出一个人装扮成朝廷使者。夜色溶溶,大地漆黑一片,这位假使者悄悄潜到弓高城下,大队人马无声无息尾随在他的后面。

假使者在城下高声吆喝:"我是朝廷派来的使者,另有急令传告弓高城守将和前一位使者!"

一听"使者"两字,守城士兵早惊吓得魂飞魄散:"上次没开门,使者发脾气,守将臭骂了我一顿。这次再不开,守将不砍了我的头,剥了我的皮?"他稍探出头向下观望一眼,马上高声答道:"好,马上开城门!"

吱呀一声响,城门大开。

假使者和他身后叛军一齐冲入城中,打了弓高城守军一个措手不及,弓高城成为幽州叛军的囊中之物。

第二十一计　金蝉脱壳

存①其形，完②其势；友不疑，敌不动③。巽（xùn）而止，蛊④。

按语

共友击敌，坐观其势。倘另有一敌，则须去而存势。则金蝉脱壳者，非徒走也，盖为分身之法也。故大军转动，而旌旗金鼓俨然原阵，使敌不敢动，友不生疑，待已摧他敌而返，而友敌始知，或犹且不知。然则金蝉脱壳者，在对敌之际，而抽精锐以袭别阵也。如：诸葛亮病卒于军，司马懿追焉。姜维令仪反旗鸣鼓，若向懿者，懿退，于是仪结营而去（《三国志·蜀书·诸葛亮传》）。檀道济⑥被围，乃命军士悉甲，身白服，乘舆徐出外围。魏惧有伏，不敢逼，乃归（《南史·檀道济列传》）。

注释

①存：保持。
②完：完备。
③动：这里指"进犯"。

④巽而止，蛊：语出《易经·蛊卦》。蛊：卦名。本卦为异卦相叠（巽下艮上）。本卦上卦为艮为山为刚，为阳卦；巽为风为柔为阴势。故"蛊"的卦象是"刚上柔下"。蛊卦曰："蛊，刚上而柔下，巽而止，蛊。"意即高山在上，风行于山下，谦逊而沉静，事可顺当。又，艮在上卦，为静；巽为下卦，为谦逊，故说"谦虚沉静""弘大通泰"是天下大治之象。此计引"巽而止，蛊"，其意是我暗中谨慎地实行主力转移，稳住敌人，另外则趁敌人不惊疑之际脱离险境，就可安然躲过战乱之危。蛊：意为事顺。

⑥檀道济：南朝宋名将。高平金乡（今山东金乡）人，世居京口（今江苏镇江）。东晋末随刘裕伐后秦，后又率兵伐北魏。善用兵。宋文帝时，王室忌其兵权太重，杀之。

译文

保持阵地的原形，进一步完备继续战斗的各种态势；使友军不产生怀疑，敌人也不敢贸然进犯。在敌人迷惑不解时，谨慎地实行主力转移，即可脱离险境。这是蛊卦原理的演用。

按语译文

与盟军联合抗击敌人时，首先要静观敌友我三方的态势。如果还存在另一股敌人，就要离开这里，但要保持原来的阵势。所谓"金蝉脱壳"，并不是一走了之，而是分身之术。所以，我军转移主力时，依然要像在原阵地一样，旌旗招展，金鼓喧天，使敌人不敢轻举妄动，友军也对我不生疑心，等到已经消灭了别处的敌人返回来时，友军和敌军才发觉，或者仍然没有发觉。所谓"金蝉脱壳"就是在对敌作战时，暗中抽调精锐的主力去袭击别处敌人的军阵。例如：三国时诸葛亮北伐，病死军中，司马懿率魏军趁机追击。当蜀将姜维命令杨仪把旌旗指向魏军时，司马懿怕中计而退兵，于是杨仪也才收兵回营（《三国志·蜀书·诸葛亮传》）。南北朝时檀道济被敌人所困，便命令军士全副武装，自己则穿一身白色服装，休闲地坐在车子上，缓缓地走出敌人的包围。北魏的军队怕有埋伏，不敢逼近，檀道济得以收兵回营（《南史·檀道济传》《广名将传》）。

> **历史案例**

1. 邓艾识破姜维

诸葛亮死后,姜维为完成他的遗愿,带兵攻打魏国。魏国大将邓艾奉命迎敌。姜维看到魏军安营扎寨,严阵以待,便对副将说:"魏军既然早有准备,直攻不宜,偷袭可胜,我拨给你一路人马,打着我的旗号,在谷口安下大寨,每天派一百人放哨,每放哨一次,更换一回服装和旗帜。我暗中带大军偷袭南安。"

邓艾不见蜀军出战,便凭高远望,入帐对陈泰说:"据我观察,姜维不在此营中,一定是偷袭南安去了。"

陈泰问:"何以见得?"

邓艾说:"你看每天蜀营中的哨马只是这几匹,往来的哨探只是这几人,只不过更换衣旗罢了。你带一队人马去攻蜀营,肯定会获胜。然后你再领兵去董亭,先切断姜维的后路。我带兵去救南安,直取武城山。我们先占了此山,姜维必然去取上邦。上邦有一谷,叫段谷,地狭山隘,正好埋伏。姜维来夺武城山,我军先埋伏在段谷中,一定能破姜维。"

不说陈泰去攻蜀营,单提邓艾带兵急行军赶到武城山,安营扎寨,此时蜀军还未到,邓艾又命邓忠领兵先去段谷埋伏。随后,魏军偃旗息鼓,等待蜀军。

姜维果然带领蜀军大队人马来到武城山,遭到邓艾大军的重创,蜀军死伤无数。姜维下令收兵,转取上邦。姜维大军途经段谷时,正中邓忠的埋伏。前有邓忠伏兵,后有邓艾追兵,姜维处于绝境。在此危急关头,张嶷率兵杀入重围,才得以救出姜维。姜维金蝉脱壳之计没能瞒过邓艾,后果是严重的。

2. 悬羊击鼓

南宋时期,金兵屡犯中原。公元1206年,南宋对当时处于内忧外患的金国发动了一场大规模的北伐之战。宋将毕再遇与金军对垒,打了几次胜仗。金兵又调集数万精锐骑兵,要与宋军决战。此时,宋军只有几千人马,如果与金军决战，必败无疑。毕再遇为了保存实力，准备暂时撤退。金军已经兵临城下，如果知道宋军撤退，肯定会追杀。那样，宋军一定损失惨重。毕再遇苦苦思索如何蒙蔽金兵，转移部队。这时，只听帐外马蹄声响，毕再遇受到启发，计上心来。

　　他暗中做好撤退部署，当天半夜时分，下令兵士擂响战鼓，金军听见鼓响，以为宋军趁夜劫营，急忙集合部队，准备迎战。哪知只听见宋营战鼓隆隆，却不见一个宋兵出城。宋军连续不断地击鼓，搅得金兵整夜不得休息。金军的头领似有所悟：原来宋军采用疲兵之计，用战鼓搅得我们不得安宁。自此以后，我再也不会上你的当。宋营的鼓声连续响了两天两夜，金兵根本不予理会。到了第三天，金兵发现，宋营的鼓声逐渐微弱，金军首领断定宋军已经疲惫，就派军分几路包抄，小心翼翼靠近宋营，见宋营毫无反应。金军首领一声令下，金兵蜂拥而上，冲进宋营，这才发现宋军已经全部撤离了。

　　原来，毕再遇命令兵士将数十只羊捆好后腿绑在树上，使羊倒悬，又在羊腿下放了几十面鼓，羊的前腿拼命蹬踢，鼓声隆隆不断。毕再遇巧用"悬羊击鼓"的计策迷惑了敌军，使宋军有充足的时间安全转移。

第二十二计　关门捉贼

小敌困之①。剥，不利有攸往②。

按语

捉贼而必关门，非恐其逸也，恐其逸而为他人所得也。且逸者不可复追，恐其诱也。贼者，奇兵也，游兵也，所以劳我者也。《吴子》③曰："今使一死贼伏于旷野，千人追之，莫不枭视狼顾。何者？恐其暴起而害己也。是以一人投命，足惧千夫。"（《吴子·厉士第六》）追贼者，贼有脱逃之机，势必死斗；若断其去路，则成擒矣。故小敌必困之，不能，则放之可也。

注释

①小敌困之：对弱小或者数量较少的敌人，要设法去围困他。

②剥，不利有攸往：语出《易经·剥卦》。剥：卦名。本卦异卦相叠（坤下艮上），上卦为艮为山，下卦为坤为地。意即广阔无边的大地吞没山，故名曰"剥"。剥："落"的意思，万物零落之象。卦辞"剥，不利有攸往"，意为：剥卦说，不利于直追远赶。

③《吴子》：中国古代兵书。战国初期杰出的政治家和军事家吴起与魏文侯、魏武侯论兵的辑录。吴起曾在楚国做令尹，推行变法，使楚国逐渐强大

起来，后为楚国贵族杀害。《汉书·艺文志》记载《吴起》四十八篇，今仅存十六篇（系后人伪托）。

译文

对弱小或者数量较少的敌人，要设法去围困他。不利于急追远赶。

按语译文

捉贼时必须要关闭大门，这并不是怕他逃走，是怕他逃走后被别人擒获并利用。而且，对于已经逃走的贼不可再去追赶，是怕中其诱兵之计。所谓"贼"，就是指那些性情狡猾、善于奇袭、神出鬼没、专门引我疲于奔命的敌人。《吴子兵法》里说："现在让一个亡命之徒隐藏到广阔的野外，尽管让千百人去追捕他，追捕者没有一个不左顾右盼，顾虑重重。这是为什么呢？是怕贼突然跳出来伤害自己。所以，只要有一个不怕死的，就足以让一千个人害怕。"（《吴子·厉士第六》）追击贼的方法：只要贼有脱逃的机会，他就必然会拼死格斗；如果截断他逃脱的道路，贼就必然会被捉住。因此，对付小股敌人，就必须围困他，如果办不到，就暂时让他逃走也是可以的。

历史案例

1. 曹仁关周瑜

赤壁之战后，曹操退至南郡。临回许都之时，曹操知道孙刘联军必会来攻，遂定下密计。

不久，曹仁与众商议。曹洪曰："目今失了彝陵，势已危急，何不拆丞相遗计观之，以解此危？"曹仁曰："汝言正合吾意。"遂拆书观之，大喜，便传令教五更造饭；平明，大小军马，尽皆弃城；城上遍插旌旗，虚张声势，军分三门而出。

这时周瑜攻下彝陵，救出甘宁，陈兵于南郡城外，见曹兵分三门而出，城内女墙边虚拥旌旗，无人守护，以为曹仁准备撤退，"遂下将台号令，分布两军为左右翼；如前军得胜，只顾向前追赶，直待鸣金，方许退步"。两军阵前，韩当战败曹洪，周泰打败曹仁。周瑜麾两翼军杀出，曹军大败。周瑜引军追至南郡城下，曹军皆不入城，望西北而走，周瑜见城门大开，城上又无人，遂令众军抢城，数十骑当先而入，周瑜在背后纵马加鞭，直入"瓮城"。这时一声梆子响，两边弓弩齐发，势如骤雨。争先入城的，都掉入陷坑内。周瑜急勒马撤退时，被一弩箭射中左肋，翻身落马。徐盛、丁奉二人舍命救走，城中曹兵突出，吴兵自相践踏，落堑坑者无数。程普急收军时，曹仁、曹洪分兵两路杀回，吴兵大败。吴军的失败是周瑜被胜利冲昏了头脑，中了曹军"关门捉贼"之埋伏。

2. 黄巢弃长安

公元880年，黄巢起义军攻克洛阳，继率六十万大军西叩潼关，直驱长安，建立大齐政权。唐僖宗仓皇逃到四川成都，纠集残部，并请沙陀李克用出兵攻打黄巢的起义军。第二年，唐军部署已完成，出兵企图收复长安。凤翔一战，义军将领尚让中敌埋伏，被唐军击败。这时，唐军声势浩大，乘胜进兵，直逼长安。

黄巢见形势危急，召众将商议对策。众将分析了敌众我寡的形势，认为不宜硬拼。黄巢当即决定：部队全部退出长安，往东开拔。

唐朝大军抵达长安，不见黄巢迎战，好生奇怪。先锋程宗楚下令攻城，气势汹汹地杀进长安城内，才发现黄巢的部队已全部撤走。唐军毫不费力地占领了长安，众将欣喜若狂，纵容士兵抢劫百姓财物。唐军士兵纪律松弛，成天三五成群地骚扰百姓，长安城内一片混乱。唐军将领也被胜利冲昏了头脑，成天饮酒作乐，欢庆胜利。

黄巢派人打听到城中情况，高兴地说：敌人已入瓮中。当天半夜时分，急令部队迅速回师长安。唐军沉浸在胜利的喜悦中呼呼大睡。突然，神兵天降，起义军以迅雷不及掩耳之势，冲进长安城内，唐军猝不及防，身上又背着抢来的财物，负重难行，死者十之八九。程宗楚死于乱军之中，长安城头重新飘扬起大齐军的旗帜。

3. 平型关战役

七七事变后,日军攻入华北,扬言"三月解决中国事变"。正面战场的国民党军不敌装备精良作风彪悍的日军。为了阻滞日军的攻势,打击日军的气焰,八路军一一五师在师长林彪、副师长聂荣臻的率领下,到达平型关东南的上寨、下关地区集结待机。

1937年9月22日,由灵丘进攻平型关的日军第五师团一部,进占平型关以北东跑池地区。八路军前方总指挥部于23日命令一一五师向平型关、灵丘间出动,侧击由灵丘向平型关进攻的日军。一一五师接到命令后,决定在平型关东北关沟至东河南镇之间,利用公路两侧居高临下的有利地形,关门捉贼,伏击日军。具体部署是:以第三四四旅第六八七团占领西沟村至蔡家峪以南高地,负责切断进入伏击地区日军的退路,阻击由灵丘和涞源方向增援的日军;第三四三旅第六八六团占领小寨村至老爷庙以东高地,负责分割歼灭当面的日军,而后协同第六八五团攻歼东跑池的日军;三四三旅六八五团占领老爷庙西南至关沟以北高地,担任截击和围歼当面日军的任务,并准备阻击由东跑池回援的日军,而后协同第六八六团及防守平型关的国民党军夹击东跑池的日军;以三四三旅六八八团为师预备队。依据上述部署,各部队于24日晚冒雨进入阵地,并于25日拂晓前完成了各项战斗准备。

25日晨,日军第五师团第二十一旅团一部和大批辎重车辆,沿灵丘至平型关公路开进。7时许,全部进入一一五师设伏地区。一一五师抓住战机,突然开火,给日军以沉重打击,并乘其惊慌混乱之际发起冲击。

八路军一一五师的这次胜利,是因为抓住了日军狂妄自大的缺点,用"关门捉贼"的战术歼灭了日军精锐第五师团第二十一旅团一部一千余人,打破了"日军不可战胜"的神话,振奋了全国人民的士气。

4. 三河之战

清军趁天京事变太平军元气大伤之时,发动反攻。曾国藩的湘军主力李续宾在攻占九江之后,乘胜攻下太湖、桐城、舒城等地,其前锋直抵三河镇。三河镇是通往当时安徽省会庐州的咽喉所在,一旦失守,庐州将难以保全。

因此，太平天国若想在安徽立足，就要死保三河镇。

太平天国青年将领陈玉成接到三河镇告急的文书，便率本部人马星夜赶往三河。在紧张的行军途中，他酝酿出一个关门捉贼的作战计划。陈玉成率军首先包抄清军的后路，同时又命令庐州守将吴如孝会合捻军南下，切断李续宾部与舒城清军的联系。此时李秀成奉洪秀全之命率兵前来作为后援。太平军这番部署调动，形成了对湘军的包围态势，使李续宾部成为瓮中之鳖。湘军来到三河镇后接连攻占了太平军凭河而筑的九座砖垒，气焰十分嚣张。1858年11月14日，陈玉成、李秀成开始夹攻李续宾的大营，双方展开激战。次日李续宾组织反击，一度冲破陈玉成的营垒。不料，当时大雾漫起，咫尺难辨，李续宾部如同隐入迷魂阵之中，不多时便被太平军全歼。陈玉成、李秀成合兵一处，全力攻打湘军阵门，三河守将吴定规也率军从城内杀出，把湘军团团包围。整个战线绵延二三十里，硝烟弥漫，杀声震天。湘军连失七座大营，被杀得溃不成军。

在这场战斗中，太平军歼灭湘军六千余人，击毙了包括曾国藩之弟曾国华在内的文武官员四百人。李续宾走投无路，自缢而亡，其军全军覆灭。三河之战是太平天国战争后期一次出色的歼灭战。湘军这次惨败，咸丰帝闻之"不觉陨涕"，曾国藩更是"哀恸慎膺，减食数日"。三河之战对清廷和湘军的打击是极为沉重的。

5. 香饵之下，必有悬鱼

《三国演义》第十一回，足智多谋的曹操却被头脑简单的吕布打败，这关键是吕布用了陈宫之"关门捉贼"之计。

却说吕布到寨，与陈宫商议，宫曰："濮阳城中有富户田氏，家僮千百，为一郡之巨室；可令彼密使人往操寨中下书，言'吕温侯残暴不仁，民心大怨。今欲移兵黎阳，止有高顺在城内。可连夜进兵，我为内应'。操若来，诱之入城，四门放火，外设伏兵。曹操虽有经天纬地之才，到此安能得脱也？"

当时，曹操因为刚刚打了败仗，正在踌躇，听到田氏人到，上密书，说吕布已往黎阳，城中空虚，并愿为内应，约定暗号，便重赏来人，收拾起兵，来到城下。在混战中，对方有军人乘势混过阵来，说是田氏之使，约定"初更时分，城上鸣锣为号，便可进兵，某当献门"。结果时间一到，曹操争先拍马而入，直到州衙，路上却不见一人，方知中计。刚喊退兵，为时已晚，四门烈火，轰天而起，多亏手下诸将奋力冲杀，拼死相救，才勉强脱身。同时还有赖于谋士刘晔恐其有诈，把三军分为三队，两队伏城接应，一队入城，才逃出城来。当时情形危险万分，三者缺一都会葬身城中。陈宫是根据"香饵之下，必有悬鱼"这一道理，诱曹操入城，关门捉贼，才给予曹操重创的。

6. 俞大猷歼倭寇

明嘉靖年间，我国东南沿海地区倭寇活动十分猖獗。倭寇与中国东南沿海的不法分子勾结，严重威胁人民的生命财产安全。

明世宗闻报，遂派右都御史张经赴沿海剿除倭寇。苏松副总兵俞大猷向张经建议说："倭寇势众，且占据有利地形。若强攻，倭寇必然乘船入海而逃。况且我军新集，恐力不从心。因此，我们应采取'关门捉贼'之良策。先派兵守住倭寇的必经之路，再密令一支队伍插入敌后，断绝水路。倭寇入圈套后，我们前后夹击，势必破敌。"俞大猷的建议，深受张经的赞赏，遂命令俞大猷、邹继芳、汤克宽分兵三路，把守金山卫、闵港、乍浦，暂时按兵不动，又檄令永顺、保靖两军联合围剿。

永顺军和保靖军按时到达，一声炮响，各路军马争相杀敌。

俞大猷一马当先，所向披靡。明军围倭寇于江泾，斩杀两千倭寇，剩下的倭寇四散逃命。

第二十三计　远交近攻

形禁势格①，利从近取，害以远隔。上火下泽②。

按语

混战之局，纵横捭阖之中，各自取利。远不可攻，而可以利相结；近者交之，反使变生肘腋。范雎③之谋，为地理之定则，其理甚明（《战国策·秦策》）。

注释

①形禁势格：受到地势的限制和阻碍。禁：禁止。格：阻碍。

②上火下泽：语出《易经·睽卦》。睽：卦名。本卦为异卦相叠（兑下离上）。上卦为离为火，下卦为兑为泽。上离下泽，是水火相克，水火相克则又可相生，循环无穷。睽：乖离，乖异，即矛盾。睽卦曰："上火下泽，睽。"意为兑下离上，泽下火上。火焰往上冒，池水往下淌。此计运用"上火下泽"相互乖离的道理，说明采取"远交近攻"的不同做法，使敌互相矛盾，而我正好各个击破。

③范雎：一名范叔，曾化名张禄，战国时魏人，范雎入秦国游说秦昭王，驱逐专权的贵戚。公元前266年被任为秦相国，封于应（今河南宝丰），号应侯。他主张远交近攻，由近而远地逐个歼灭敌人。

译文

当军事目标受到地理条件限制，攻取较近的敌人有利，攻取远隔的敌人有害。这就是从睽卦里"上火下泽"中悟出的道理。

按语译文

在混乱的局面中，各种势力也陷于联合与分裂的频繁变换之中，都是为了自己争夺利益。远处不要去进攻，可以与之交利；如果与邻近国家交好，反而会使变乱发生在自己身边。战国时范雎的谋略，就是以地理位置的远近作为结交或攻打的准则，其道理是显而易见的（《战国策·秦策》）。

典故探源

远交近攻，语出《战国策·秦策》：范雎曰："王不如远交而近攻，得寸，则王之寸；得尺，亦王之尺也。"这是范雎说服秦王的一句名言。远交近攻，是分化瓦解敌方联盟，各个击破，结交远离自己的国家而先攻打邻国的战略性谋略。当实现军事目标的企图受到地理条件的限制难以达到时，应先攻取就近的敌人，而不能越过近敌去攻打远离自己的敌人。为了防止敌方结盟，要千方百计去分化敌人，各个击破。消灭了近敌之后，"远交"的国家又成为新的攻击对象了。"远交"的目的，实际上是为了避免树敌过多而采用的外交诱骗。

历史案例

郑国称霸

春秋时期，郑国其实算不上最强大的国家，但郑庄公趁周王朝礼崩乐坏、朝纲混乱，巧妙地运用"远交近攻"的策略，取得了当时的霸主地位。当时，郑国近邻的宋国、卫国与郑国积怨很深，矛盾十分尖锐，郑国时刻都有被两国夹击的危险。郑国在外交上采取主动，接连与邾、鲁等国结盟，不久又与实力强大的齐国在石门签订盟约。

公元前719年，宋、卫联合陈、蔡两国共同攻打郑国，鲁国也派兵助战，将郑国东门围困了五天五夜。城虽守住，郑国已感到与鲁国的关系存在问题，便千方百计想与鲁国重新修好，共同对付宋、卫。

公元前717年，郑国以帮邾国雪耻为名，攻打宋国。同时，与鲁国积极发展外交关系，主动派使臣到鲁国，商议把郑国在鲁国境内的枋田交归鲁国。果然，鲁国与郑国重修旧谊。齐国当时出面调停郑国和宋国的关系，郑庄公表示尊重齐国的意见，暂时与宋国修好。齐国因此也与郑国交好。

公元前714年，郑庄公以宋国不朝拜周天子为由，代周天子发令攻打宋国。郑、齐、鲁三国大军很快攻占了宋国大片土地，宋、卫军队避开联军锋芒，乘虚攻入郑国。郑庄公把占领的宋国土地全部送与齐、鲁两国，迅速回兵，大败宋、卫大军，郑国乘胜追击，击败宋国，卫国被迫求和。郑庄公势力扩张，霸主地位形成。郑庄公巧妙用了小国外交政策，远交近攻，取得了当时的霸主地位。

第二十四计　假道伐虢

两大之间①，敌胁以从，我假以势②。困，有言不信③。

按语

假地用兵之举，非巧言可诳，必其势不受一方之胁从，则将受双方之夹击。如此境况之际，敌必迫之以威，我则诳之以不害，利其幸存之心，速得全势。彼将不能自阵，故不战而灭之矣。如：晋侯假道于虞以伐虢（guó）④，晋灭虢，虢公丑奔京师。师还，袭虞灭之（《左传·僖公五年》）。

注释

①两大之间：这里指介于两个大国之间。

②假：凭借。势：态势。

③困，有言不信：语出《易经·困卦》。困：卦名。本卦为异卦相叠（坎下兑上），上卦为兑为泽，为阴；下卦为坎为水，为阳。卦象表明，本该容纳于泽中的水，现在离开泽而向下渗透，以致泽无水而受困，水离开泽流散无归也自困，故名为"困"。困：困乏，困境。卦辞曰："困，有言不信。"《周易姚氏学》解释为："处困之不见信于人，故有言不信。"意思是：处于困难的境地，不肯轻易听信别人的空话。此计应用此卦理，是说处在两个大国之间的小国，面临着受人胁迫的境地时，我若说援救他，他在困顿中会相信吗？

④晋侯：即晋国的国君，此处指晋献公。虞：周文王时建立的诸侯国。

姬姓。在今山西平陆北，公元前655年晋国假道伐虢时，被晋突袭所灭。虢：春秋时代诸侯国名。有东虢、西虢、北虢之分。姬姓。此处指北虢，建都上阳（今河南陕县东南），占有今河南三门峡和山西平陆一带。公元前655年为晋所灭。

译文

处于敌我两个大国之间的小国，当敌人以武力胁迫小国屈从于他时，我方应以援助的姿态，借机把力量渗透进去。对于处在困顿中的国家，只有口头许诺，是难以取得他的信任的。

按语译文

借别国的地盘打仗，不是仅靠花言巧语所能蒙骗取得的，必须是这个中间势力处于不受一方势力的威胁，而是处于双方势力的夹击中。在这种情况下，敌方必然会以武力逼迫其屈服，我方则应以不使其受害为诱饵，利用其侥幸图存的心理，迅速控制局势。他势必不能守住阵地，这样不用经过实战就能把他消灭了。例如：春秋时晋国向虞国借道攻打虢国，晋国消灭了虢国以后，虢公丑逃奔到周朝的京师洛阳。晋军灭了虢国后在回师的途中，再度借道虞国，趁其失去戒心而将其消灭了（《左传·僖公五年》）。

典故探源

假道伐虢，假道，是借路的意思。语出《左传·僖公二年》："晋荀息请以屈产之乘与垂棘之璧，假道于虞以伐虢。"

历史案例

1. 楚文王灭蔡

东周开始，周王朝由强盛转弱，诸侯国之间互相征伐。小的诸侯国不断被吞并，较大的诸侯国也趁王权衰落，扩张自己的势力。楚文王时期，楚国势力日益强大，汉江以东小国，纷纷向楚国称臣纳贡。当时有个小国叫蔡国，仗着和齐国联姻，认为有个靠山，就不买楚国的账，楚文王怀恨在心，一直在寻找灭蔡的时机。

蔡国和另一小国息国关系很好，经常往来。但是，有一次息侯的夫人路过蔡国，蔡侯没有以上宾之礼款待，气得息侯夫人回国之后，大骂蔡侯，息侯对蔡侯有一肚子怨气。

楚文王听到这个消息，非常高兴，认为灭蔡的时机已到。他派人与息侯联系，息侯想借刀杀人，向楚文王献上一计：让楚国假意伐息，他就向蔡侯求救，蔡侯肯定会发兵救息。这样，楚、息合兵，蔡国必败。楚文王一听，何乐而不为？他立即调兵，假意攻息。蔡侯得到息国求援的请求，马上发兵救息。可是兵到息国城下，息侯竟紧闭城门，蔡侯急欲退兵，楚军已借道息国，把蔡国围困起来，俘虏了蔡侯。

蔡侯被俘之后，痛恨息侯，对楚文王说："息侯的夫人息妫是一个绝代佳人。"他这话是为了刺激好色的楚文王。楚文王击败蔡国之后，以巡视为名率兵到了息国都城。息侯亲自迎接，设盛宴为楚王庆功。楚文王在宴会上，趁着酒兴说："我帮你击败了蔡国，你怎么不让夫人敬我一杯酒呀？"息侯只得让夫人息妫出来向楚文王敬酒。楚文王一见息妫，果然天姿国色，马上魂不附体，决定要据为己有。第二天，他举行答谢宴会，早已布置好伏兵，席间将息侯绑架，轻而易举地灭了息国。

息侯以一己之私怨，置息国疆土与人民于不顾，一心想楚国给他报仇，没想到最终落得个国破家亡的下场，不亦悲乎！

2. 诸葛亮气周瑜

荆州牧刘表的长子刘琦病危时，把荆州民众托付给了刘备。为了离间孙、刘两家的关系，曹操表奏汉献帝封周瑜为总领南郡的太守。这个总领南郡太守不过是个虚职，因为荆州至今还被刘备占着。周瑜果然中计，命鲁肃去见刘备索回荆州。

刘备听说鲁肃来索要荆州，很是慌张。诸葛亮对刘备说："主公不必忧虑，我自有良策，到时候鲁肃一提荆州之事，您就大哭，然后我与他周旋。"

鲁肃到来后果然开口便索要荆州，刘备听罢放声大哭。这一哭，反而把鲁肃弄糊涂了。诸葛亮在旁开了腔:"当初我主向吴侯借荆州时,答应取得西川便还。但仔细一想,益州刘璋是我主之弟,乃同胞骨肉,若兴兵取他的城池,恐被外人唾骂;如果不取,归还荆州,又何处安身?假如不还荆州,于吴侯的面上又不好看。我主进退两难,所以大哭。"鲁肃本是个宽仁的长者,见刘备如此哀痛,便答应了诸葛亮提出的延期归还荆州的请求。

周瑜听完鲁肃的汇报,便大发雷霆,周瑜一计不成,又生一计。他要鲁肃再去荆州。鲁肃依照周瑜的吩咐对刘备说:"吴侯十分同情您的处境,与众将商量后决定起兵替您取西川。取了西川,再换回荆州,这样西川只当是东吴给您的一份嫁妆。军马过路时,希望提供些粮草,别无他求。"

刘备有些犹豫不决,诸葛亮在一旁连忙点头说:"难得吴侯的一片好心!雄师来到后,一定远接犒劳。"鲁肃听后,暗自高兴。等鲁肃走后,刘备向诸葛亮询问东吴的真正用意。诸葛亮答道:"此乃周瑜的'假途灭虢'之计。名为收西川,实则取荆州。不过,周瑜骗得了别人,骗不了我。周瑜此次前来,我叫他死无葬身之地。"

周瑜起兵五万人,浩浩荡荡开向荆州。来到荆州城下,周瑜本以为刘备等会打开城门,箪食壶浆迎接他,然后他趁机掩杀过去。没想到一声梆子响过后,城上无数士兵一齐竖起刀枪,严阵以待。吴军背后也杀声四起,皆言要活捉周瑜。周瑜知道上了诸葛亮的当,怒气填胸,箭疮复发,坠于马下,倒地而亡。

荆州地理位置、战略地位非常重要,刘备一借荆州永不归还,不惜毁掉与东吴的联盟关系。周瑜妄想"假道伐虢"夺回荆州,却瞒不过诸葛孔明,计谋一旦败露,尚不能全身而退,岂不悲乎!

3. 苻坚灭燕

公元369年,东晋桓温举兵讨伐前燕。前燕王慕容晔派使臣到前秦,提出以将虎牢关以西地区送给前秦为条件,请求前秦出兵援助。

前秦苻坚与群臣商议此事。大多数人不同意发兵救燕,因为当初桓温攻打前秦时,前燕袖手旁观。但是,大臣王猛的意见与众不同,他说:"如果桓温占领了燕国,力量会更加强大,这对秦国是不利的。如果我们与燕国合兵一处攻打桓温，桓温将不是对手。经过交战，燕国的力量会大大削弱，到那时我们可以就地占领燕国。"苻坚听从了王猛的计谋，派兵两万去救燕。

在燕秦联合抵抗下，桓温被迫退出前燕。秦军在前燕撤退之前，便向前燕王索要虎牢关以西地区。前燕王支支吾吾，有意抵赖。这样正中苻坚的下怀，前秦终于吞并了前燕。

苻坚救燕本来就抱着假途灭虢的想法，前燕王食其诺言，正好为前秦军灭燕提供了口实，遭受兵灾的前燕犹如案板上的鱼肉，任前秦随便宰割。

三十六计

混战计

130

第五套

并战计

第二十五计　偷梁换柱

频更其阵，抽①其劲旅，待其自败，而后乘②之。曳其轮也③。

按语

阵有纵横，天衡为梁④，地轴为柱⑤。梁柱以精兵为之，故观其阵，则知其精兵之所在。共战他敌时，频更其阵，暗中抽换其精兵，或竟代其为梁柱，势成阵塌，遂兼其兵。并此敌以击他敌之首策也。

注释

①抽：抽调。
②乘：控制，驾驭。
③曳其轮也：语出《易经·既济卦》。既济：卦名，本卦为异卦相叠（离下坎上）。上卦为坎为水，下卦为离为火。水处火上，水势压倒火势，救火之事，大告成功，故卦名为"既济"。既：已经。济：成功。既济卦曰："曳其轮，义无咎也。"曳：拖住。意为拖住了车轮，应该是无害的。
④天衡：古代军阵部位名称，即首尾相对应的队列。梁：房屋的大梁。天衡为梁，即天衡在整个军阵中的作用就好比是房屋的大梁。
⑤地轴：古代军阵部位名称，指处于军阵中心的队列。柱：房屋的柱子。地轴为柱，即地轴在整个军阵中所起的作用就如同房屋的柱子所起的作用一样。

译文

多次变动对方的阵容，暗中抽换其主力，待其自趋失败，趁机将之控制或吞并。这就像拖住了大车的轮子，大车就不能运行了一样。

按语译文

阵势有东西南北方位，阵中有"天横"，首尾相对，是阵的"大梁"；"地轴"在阵中央，是阵的"支柱"。梁和柱的位置都是部署主力部队的地方，因此，察看敌人的阵势，就能知道他的精兵主力所在。如果与友军联合作战，应设法多次变动友军的阵容，暗中更换它的主力，或者派自己的部队去代替它的梁柱，这样就会使它的阵地无法由它自己控制，这时就立即吞并友军的部队。这就是兼并控制这一股敌人而再去攻击另一股敌人的首要良策。

历史案例

1. 赵高杀扶苏

秦始皇称帝以来，自以为千秋万代基业已稳如泰山，他四处求访长生不老之药，想与江山一起，万寿无疆。因此，他一直没有立太子。宫廷内，存在两个实力强大的政治集团。一个是长子扶苏、蒙恬集团，一个是幼子胡亥、赵高集团。扶苏恭顺好仁，为人正派，在全国有很高的声誉。秦始皇本意欲立扶苏为太子，为了锻炼他，派他到著名将领蒙恬驻守的北线为监军。幼子胡亥，早被娇宠坏了，在宦官赵高教唆下，只知吃喝玩乐。

公元前210年，秦始皇第五次南巡，到达平原津（今山东平原附近），突然一病不起。此时，秦始皇也知道自己的大限将至，于是，连忙召丞相李斯，要李斯传达密诏，立扶苏为太子。当时掌管玉玺和起草诏书的是宦官头儿赵高。赵高早有野心，看准了这是一次难得的机会，故意扣压密诏，等待时机。

几天后，秦始皇在沙丘平召（今河北广宗县境）驾崩。李斯怕扶苏回来之前政局动荡，所以秘不发丧。赵高特此去找李斯，告诉他，皇上赐给扶苏的信，还扣在我这里。现在，立谁为太子，我和你就可以决定。狡猾的赵高又对李斯讲明利害，说，如果扶苏做了皇帝，一定会重用蒙恬，到那个时候，宰相的位置你能坐得稳吗？一席话，说得李斯果然心动，二人合谋，制造假诏书，赐死扶苏，杀了蒙恬。赵高用偷梁换柱的阴险办法，不费吹灰之力扳倒了扶苏和蒙恬，把无能的胡亥推上了皇位。秦始皇妄想的千秋万代的秦国江山已然走到尽头了。

2. 县令断案

明朝时，有一家富豪娶媳妇，有个小偷趁乱悄悄溜进洞房，躲在床底。准备天黑后出来行窃。没料到一连三天这富家通宵燃烛，小偷无法下手，肚子饿得咕咕叫，瞅了个机会出房逃走，被大家合伙捉住。送到官府后，小偷竟自称是医生，为防止新娘旧病复发而跟随到了富家。

县令要富家送新娘到堂上对证，富家怕小偷说出家丑就是不送新娘来。

县令对此案不能了结而发愁。这时，身边当差的老吏说："小偷潜入洞房，又突然跑出来，未必认识新娘，如用另一妇人出庭作证，小偷就会错认新娘。这样，我们就可以断定他说的是真话还是谎话了。"于是，县令叫人找来一个妓女，打扮成新娘的模样。第二天，县令对手下人说："把新娘带上堂来！"那妓女翩翩而至，小偷急忙上前说："瑞姑，你叫我随你到姑爷家来治病，他们把我当成贼抓了起来，你可要为我作证啊！"县令问："你认识瑞姑吗？"小偷肯定地回答："怎么不认识，从小我就认识。"众人听罢，哈哈大笑，小偷知道原委后，不得不低头认罪。

小偷在床下偷听到新娘有病，因此冒充医生，但他并没有偷瞧见新娘的模样，企图蒙混过关，县令将计就计，偷梁换柱，揭穿了小偷的谎言。

3. 曹操解白马之围

公元200年2月，袁绍进军黎阳（今河南浚县东北），他派大将颜良围白马，进攻驻守东郡的刘延，以掩护主力过河。曹操的谋士荀攸认为：敌强我弱，不能硬拼，只有先设法分散它的兵力，调开它的主力，才能扭转局势，取得胜利。具体方案是：曹操亲率部队直奔延津，伪装成渡河北上进攻袁绍后方的架势，引诱袁绍分兵前来迎战。然后再挥戈东向，飞奔白马，出其不意，击败袁军。曹操采纳了这一计谋，率军进至黄河渡口延津，布置士兵和民众赶造船只，制造即将渡河的假象。袁绍闻讯，急忙率主力部队向延津移动，只留下颜良继续围攻白马。曹操见调动敌人精锐、分散敌人兵力的目的已经达到，随即掉转兵锋，轻骑东袭白马，前锋张辽、关羽斩颜良，击败袁军，顺利解了白马之围。

　　在此战中，如果曹操直接去解白马之围，那么袁绍必将率大批主力前去增援，与颜良夹击曹军，从而使曹操腹背受敌。曹操用"偷梁换柱"之计，调开了袁绍的主力，从而各个击破形成了局部的优势，进而赢得了胜利。

第二十六计　指桑骂槐

大凌①小者，警以诱之。刚中而应，行险而顺②。

按语

率数未服者以对敌，若策之不行，而利诱之，又反启其疑。于是故为自误，责他人之失，以暗警之。警之者，反诱之也。此盖以刚险驱之也。或曰：此遣将之法也。

注释

①凌：欺凌，欺压。
②刚中而应，行险而顺：语出《易经·师卦》。师：卦名。本卦为异卦相叠（坎下坤上）。本卦下卦为坎为水，上卦为坤为地，水流地下，随势而行。这正如军旅之象，故名为"师"。师卦曰："刚中而应，行险而顺，以此毒天下，而民从之。"毒：治。这句话意思是说：刚健中正而上下相应，行于险地而顺利，用这样来治理天下，人们都会听从他的。以此卦象的道理督治天下，百姓就会服从。这是吉祥之象。

译文

强大者控制弱小者，要用警告的办法去诱导他。主帅刚强中正，就会上下相应得到拥护，行于险地也会顺利。

按语译文

率领一个还没有顺服你的军队去对敌作战，若军队不听指挥，这时用利益来引诱他们，反而会引起他们的怀疑。在这种情况下，你可以故意制造事端，借此惩罚犯错者，借以暗示警告那些不服从命令的人。所谓"警告"，就是从另一个角度来诱导制伏他们，这是一种以刚猛险诈的手段驱使他们服从管制的方法。也有人说：这也是一种调兵遣将的方法。

历史案例

1. 优孟进谏

春秋时期，有一种专门以滑稽调笑、插科打诨方式表演的艺人。优孟就是其中一人，楚庄王非常喜欢他。

楚国贤相孙叔敖死后不久，优孟在郊外看到孙叔敖的儿子在山上砍柴。优孟这才知道这位贤相家里如此清贫。

优孟决心帮孙叔敖的儿子渡过难关。经过一番思考之后，他特制了一套孙叔敖平时常穿的服装，每日细心模仿孙叔敖的一举一动。

一天，楚庄王在宫中大宴群臣，优孟穿着孙叔敖的服装走了过来。

楚庄王远远一望，误以为孙叔敖复活，惊讶得差点叫出声来，及至近前，才看出是优孟所扮。

楚庄王想起孙叔敖以前的功劳，感慨地对优孟说："你若有孙叔敖的才干，我愿意拜你为相。"

出人意料的是，优孟并未磕头谢恩，而是不以为然地回答说："做丞相有什么好处，最后连自己儿子的生计都保障不了！"

接着，他把孙叔敖身后萧条的状况如实地告诉了楚庄王。楚庄王听后，幡然醒悟，下令召孙叔敖的儿子入朝，加官晋爵，赐绢赏地，从此孙叔敖的儿子过上了富裕的生活。

优孟并不是直接劝谏楚庄王，而是装扮成孙叔敖，对楚庄王进行旁敲侧击，使楚庄王明白了"人走茶凉"这一做法的危害性，从而帮助孙叔敖的儿子改善了生活条件。

2. 苏轼拒"后门"

北宋中叶，苏轼和他弟弟苏辙都在朝中做官，很多有求于他们的人，经常带着礼物来找他们"走后门"。

一次，苏辙的一个朋友来到苏府，想让苏辙帮他谋个差事。苏辙躲着不见，这个人便向苏轼求助。

苏轼没有办法，就把他让进了屋里。苏轼不提找差事的问题，却给他讲起了故事："传说有一个人穷得无以为生，便去盗墓。挖开第一个墓，只见里面是一个光着身子的古人，嘴里还念念有词：'你没听说过汉朝杨王子孙轻财傲世，下葬时连衣服都不穿吗？我自己都光着身子，还能拿什么接济你呢？'"

求职者听得津津有味，于是苏轼继续讲下去："穷汉又凿开第二个墓，墓中是个帝王，他很和气地说：'我是汉文帝，早已立下遗诏，墓中不放金玉之物，你还是到别处去吧！'"

苏轼讲到这里哈哈大笑，求职者似乎明白了苏轼讲这个故事的用意，脸上不觉有些发热。

苏轼又讲了起来："穷汉气得没办法，又去找墓。他发现有两座连在一起的墓，便首先凿开左边的墓，只见一个羸弱的身影走了过来，对他说：'我是伯夷，早年饿死在首阳山下，我怎么能满足你的要求呢？'穷汉只得去挖右边的墓，伯夷劝道：'那里住着我的兄弟叔齐，他的状况和我差不多，我看你是白费力气。'"

听到这里，求职者彻底明白了苏轼的用意，以有急事为由匆匆地离开了苏府。苏轼所讲的故事是"桑"，求职者相当于"槐"。苏轼指桑骂槐，把伯夷叔齐兄弟比作他和苏辙，既暗示走后门这人不要去麻烦他弟弟，又明确表示了他们清廉状况堪比伯夷叔齐，这让求职者哑口无言。

3. 孙武练兵

孙武是春秋时期的军事家、谋略家，他所作的《孙子兵法》得到了世人的肯定，在那个王权旁落，诸侯称霸的时代，各国当权者都非常重视兵法人才。一天，吴王阖闾召见孙武。吴王问："你的兵法，真是精妙绝伦。你能不能当面给我演示一下,让我开开眼界呢?"孙武说:"这个不难。您可以随便找些人来,我马上操练给您看。"

吴王一听,好生好奇。随便找些人来就可操练?吴王存心为难一下孙武,说道:"我的后宫里美女多得很,先生能不能让她们来操练操练?"孙武一笑说:"行呀!任何人都可以操练。"

于是,吴王从后宫叫来一百八十名美女。众美女一到校军场上,只见旌旗招展,战鼓排列,煞是好看。她们嘻嘻哈哈,东瞅西瞧,漫不经心。孙武下令一百八十名美女编成两队,并命令吴王的两个爱姬作为队长。两个爱姬哪里做过带兵的官儿,只是觉得好笑好玩。好不容易,才把稀稀拉拉、叫叫嚷嚷的美女们排成两列。

孙武十分耐心地、认真细致地对这些美女们讲解操练要领。交代完毕,命令在校军场上摆下刑具,然后威严地说:"练兵可不是儿戏!你们一定要听从命令,不得马马虎虎,嬉笑打闹,如果谁违犯军令,一律按军法处理!"

美女们以为大家是来做做游戏的,不想碰见这么个一脸正经的人!这时,孙武命令擂起战鼓,开始操练。孙武发令:"全体向右转!"美女们一个也没有动,反而哄然大笑。孙武并不生气,说道:"将军没有把动作要领交代清楚,这是我的错!"于是他又一次详细讲述了动作要领,并问道:"大家听明白了没有?"众美女齐声回答:"听明白了!"

鼓声再起,孙武发令:"全体向左转!"美女们还是一个未动,笑得比上次更加厉害了。吴王见此情景,也觉得有趣,心想:你孙武再大的本领,也无法让这些美女们听你的调动。

孙武沉下脸来,说道:"动作要领没有交代清楚,是将军的过错,交代清楚了,而士兵不服从命令,就是士兵的过错了。按军法,违犯军令者斩,队长带队不力,应先受罚。来人,将两个队长推出斩首!"吴王一听,慌了手脚,急忙派人对孙武说:"将军确实善于用兵,军令严明,寡人十分佩服。这次,请放过寡人的两个爱姬。"孙武回答道:"将在外,君令有所不受。吴王既然要我演习兵阵,我一定要按军法规定操练。"于是,将两名爱姬斩首示众,吓得众美女魂飞魄散。孙武命令继续操练,并且命令排头两名美女继任队长。全场鸦雀无声。

鼓声第三次响起,众美女精神集中,处处按规定动作,一丝不苟,顺利地完成了操练任务。

孙武斩了吴王爱姬,"杀鸡给猴看",把众美女训练得服服帖帖。吴王不悦,但也无可奈何,心中明白国家需要孙武这样的良将。吴王任孙武为将,为日后夺取霸主地位奠定了军事基础。

4. 东方朔救汉武帝奶娘

汉武帝从小是被他的奶娘带大的,长大后,武帝开始嫌弃她,觉得他奶娘啰唆又管闲事,想让她搬到宫外去。

奶娘在皇宫生活了几十年,不愿意离开熟悉安逸的环境。为了继续留在皇宫,她找到汉武帝面前的红人东方朔。东方朔安慰她说:"当你向皇上辞行的时候,回过头来看皇上两次,我就自有办法了。"

这天,奶娘前来向汉武帝告别,只见她满眼泪水,出宫时频频地回头去看汉武帝。这时,在一旁的东方朔大声说道:"奶娘,你快走吧!皇上现在不用你喂奶了,你还留在宫里干什么?"

武帝听了,回想起自己小时候被奶娘关怀呵护的情境,不觉感动,于是马上收回成命,把奶娘留在了宫里。

第二十七计　假痴不癫

宁伪①作不知不为,不伪作假知妄为②。静不露机,云雷屯也③。

按语

假作不知而实知,假作不为而实不可为,或将有所为。司马懿之假病昏以诛曹爽④,受巾帼,假请命以老蜀兵,所以成功;姜维九伐中原,明知不可为而妄为之,则似痴矣,所以破灭。兵书曰:"故善战者之胜也,无智名,无勇功。"(《孙子兵法·形篇》)当其机未发时,静屯似痴;若假癫,则不但露机,且乱动而群疑。故假痴者胜,假癫者败。或曰:"假痴可以对敌,并可以用兵。"宋代,南俗尚鬼。狄青征侬智高⑤时,大兵始出桂林之南,因佯祝曰:"胜负无以为据。"乃取百钱自持,与神约"果大捷,则投此钱尽钱面也"。左右谏止:"倘不如意,恐沮师。"青不听。万众方耸视,已而挥手一掷,百钱皆面。于是举兵欢呼,声震林野,青亦大喜;顾左右,取百钉来,即随钱疏密,布地而贴钉之,加以青纱笼护,手自封焉。曰:"俟凯旋,当酬神取钱。"其后平邕州还师,如言取钱,幕府士大夫共视,乃两面钱也。

注释

①伪：假装。

②妄为：轻举妄动。

③云雷屯也：语出《易经·屯卦》。屯：卦名。本卦为异卦相叠（震下坎上），震为雷，坎为雨，此卦象为雷雨并作，环境险恶，为事困难。屯：难也。屯卦曰："云雷屯。"坎为雨，又为云，震为雷。这是说云行于上，雷动于下，云在上有压抑雷之象征，这是屯卦之卦象。此计运用屯卦的象理，是说在军事上，有时为了以退求进，必须假痴不癫，老成持重，以达后发制人。这就如同云势压住雷动一样，一旦爆发攻击，便出其不意而获胜。

④曹爽：沛国谯（今安徽亳（bó）县）人，字习伯。公元239年，魏曹芳登基，升司马懿为太傅，曹爽掌握兵权。司马懿想阴谋夺取兵权，便装出衰老病笃的样子。曹爽信以为真，不加提防。后来司马懿趁曹爽随帝出猎，发动兵变，杀死曹爽，夺得了兵权。

⑤狄青：北宋大将，西河（今山西汾阳）人。狄青在对西夏的战争中屡立战功，为范仲淹所赏识，由士兵累升为大将。公元1052年，他率兵镇压侬智高，次年升为枢密使同平章事，旋即被排挤去职，出判陈州而死。 侬智高：宋代广源州的少数民族首领。侬氏自唐初就称雄于西夏，世袭为州的首领。唐末，犹州侬全福被交趾人所杀，其妻改嫁而生智高，交趾人派官吏治广源州，侬智高起兵袭安德州，盘踞广南，攻邕州（今广西邕宁），建立南天国。后被狄青打败，逃到大理而死。

译文

宁可假装不知道而不采取行动，也不可假装知道而轻举妄动。要冷静沉着，藏而不露。这是从《易经·屯卦》"云雷屯，君子以经纶"一语中悟出的道理。

按语译文

假装不知而实际上清晰明了，假装不做而实际上是时机不成熟不能做，或是待条件具备、时机成熟时才行动。三国时，司马懿装病而伺机杀死曹爽；他接到诸葛亮"馈赠"的妇女首饰，并不以此为辱，而是假装请战，却坚壁不出,借以疲劳蜀军,因此获得成功;姜维九次率兵讨伐中原,明知这样做不行而偏要轻举妄动并痴于此道,所以他理所当然地遭到了失败。《孙子兵法》上说:"善于用兵而取得胜利的人,并不显示自己的智谋和争着出名,也不炫耀自己的勇敢与战功。"(《孙子兵法·形篇》)当他们的计谋还没有机会实行时,他们就会像屯卦所说的那样,沉着冷静得像个呆子;如果假装癫狂,不仅会暴露战机,而且会因胡乱行动而引起三军猜疑。所以,假装呆痴的必取胜,假装癫狂的必失败。有人说:"假装呆痴既可以用来对付敌人,也可以用来治军。"在宋代,南方少数民族有迷信鬼神的风俗。狄青率军征伐侬智高时,大军刚到桂林以南,狄青便假装拜神说:"天神啊!这次打仗胜负难料呀!"说着就拿了一百个铜钱向神许愿:"如果能取胜,请让丢在地上的这些钱正面朝天吧!"左右随从部将劝他说:"这样做不行啊,倘若这些钱不能都是正面朝天,恐怕会影响士气!"狄青不听从劝说。在千万人的注视之下,他大手一抛,一百个铜钱落在地上全是面朝上!这时全军举手欢呼,声音响彻山林和旷野,狄青也很兴奋,他命令左右随从取来一百根钉子,将铜钱在原地用钉子钉牢,并亲手用青纱盖上来保护,说:"等到凯旋时,一定来酬谢神灵,并取回铜钱。"后来,狄青率军平定邕州凯旋后,按照原先说的那样去取那些钱。他的士兵都蹲在周围虔诚地祷告观看,却见那些铜钱原来两面都是一样的图案。

历史案例

1. 孙膑装疯

孙膑是孙武的后代,曾与庞涓为同窗在鬼谷子门下学习兵法。庞涓下山后,即到了魏国,受到了魏王重用。魏王听说他的师弟孙膑很有才华,就让庞涓写信邀请孙膑到魏国任职。庞涓心胸狭窄,既忌妒孙膑的才华比自己强,又害怕孙膑的地位超过自己。因此,设计诬陷孙膑,将其施以膑刑,挖去他的膝盖骨,使孙膑成了一个残废。为了逃避庞涓的进一步谋害,孙膑便开始装疯卖傻。庞涓为了试探他是真疯假疯,将他扔进了猪圈。孙膑竟然手抓猪粪当饭吃。此举使庞涓确信,孙膑既残且疯,再也不可能对自己构成威胁,于是放松了对他的看管。最终,孙膑到了齐国,并被委以重任,担任了齐军的军师,在桂陵、马陵之战中,计杀庞涓,打败了魏军。

2. 王允之脱险

王允之是东晋丞相王导从弟王舒的儿子，为人非常机敏。

王允之的伯父是东晋的大将军，名叫王敦。此人执掌朝政，骄横跋扈，为人残暴凶狠，被人称为杀人不眨眼的魔王。有一次，他为了强迫客人喝酒，竟接连杀死了几个敬酒不成的美女。

有一天，王允之照例酒足饭饱后同王敦睡在一起。

天亮后，王敦被一个下属唤醒。王敦忙起床跟他密谈："喂，我叫你准备的兵马和武器怎样了？"

"将军大人，已经万事俱备，只欠东风了。"

"好，好极了。你计划几时动手包围王宫？"

"必须注意保密，若有外人知晓此事，格杀勿论！"

王敦同那心腹越谈越兴奋，以至于忘记了帐子里还有一个小孩在睡觉。

其实，王允之早已醒了，他们关于谋反的谈话内容他全都听见了。他觉得自己处在险境之中，情急生智，便用手指往喉咙里死命地深抠，立时将隔夜的酒饭呕吐了一床。接着，又闭起眼睛，装着熟睡的样子，微微打起鼾来。

王敦跟下属谈了好久的话，忽然想起自己背后的床上还睡着王允之，大为惊恐，赶忙奔去掀开帐子查看。不看也罢，一看不禁释然大笑，捂着鼻孔，自言自语地说："简直像头醉酒的小死猪！难闻死了，难闻死了。"

原来，满床呕吐物发出一阵阵酸臭之味，王允之兀自埋在污秽里酣睡呢。王允之凭借自己随机应变的聪明，瞒过了王敦的眼睛，保全了自己的性命。

3. 康熙智擒鳌拜

康熙十四岁亲政，鳌拜仍然独揽大权，想把年幼的皇帝变成自己的傀儡。康熙虽然年幼，但他从小就才华出众，他觉得鳌拜处处与自己作对，是个心腹大患，必须想办法除掉他。他把一些满洲贵族的子弟招来宫中练习武艺，作为自己的亲信侍卫。

鳌拜大权独揽，不仅谨防有实力的大臣接近康熙，并派人观察康熙的一举一动,不让康熙羽翼丰满,要使他成为一个真正的"孤家寡人",这样自己就可以"挟天子以令诸侯"。他看见康熙和一些孩子在玩摔跤的游戏,就觉得康熙胸无大志,只知道玩耍,对自己没有任何威胁,便放松了警惕。

一次鳌拜称病,好久不来朝拜皇帝,康熙便亲自来到鳌拜府中探听虚实。他径直来到鳌拜的卧室,发现鳌拜在席子底下藏有利刃,知道鳌拜心怀叵测。但他很沉得住气,不但不加责怪,反而安抚说:"满洲勇士,身不离刀,乃是本色。"鳌拜听了,觉得康熙是个小糊涂虫,便完全放松了警惕,更加肆无忌惮为所欲为了。

康熙回宫后,就把那帮孩子找来,说:"大清朝已处于危急关头,你们听我的,还是听鳌拜的?"那些孩子早就不满鳌拜欺上压下的行为,个个义愤填膺地说道:"我们听从皇上的!"一天,康熙召鳌拜进宫来,说有要事相商,鳌拜不知是计,便大摇大摆地来见皇帝。康熙便命那些孩子玩摔跤游戏给鳌拜看。孩子们玩着玩着,一个个跌打翻滚地到了鳌拜身前,这个抱腿,那个撅手,一个抓住头,一个揽住腰,顿时将鳌拜掀翻在地。鳌拜号称"满洲第一勇士",力大无穷,他猛一挣扎,那些孩子便都被他绊翻在地。但这些孩子都忠于康熙,尽管敌不过鳌拜,仍死命纠缠住他不放。正在这紧急关头,康熙拿出藏在袖中的匕首,一刀刺进鳌拜的胸口,孩子们一拥而上,将鳌拜擒住。康熙当即宣告:鳌拜谋反,令监禁听审。

康熙巧妙地剪除了权臣鳌拜和他的党羽,自己亲政,没有动用大军,没有经过恶战,这是他"假痴"外表下周密计划、精心布置的结果。

4. 匈奴灭东胡

匈奴单于刚刚杀父自立为王,东胡使者来见,使者对匈奴单于冒顿说:"听说先王有一匹千里马不错,我们东胡大王非常想要。"冒顿刚刚即位,地位尚未稳固,不愿与强大的东胡为敌,便召集群臣商议对策。大臣们都认为千里马难求,不能轻易送给别人。冒顿认为:"为了睦邻友好,损失一匹马算得了什么!"于是便把千里马送给了东胡。

东胡得寸进尺,时过不久,又派使者向冒顿讨要其身边的爱妃。群臣一听,个个气愤异常,坚决反对。冒顿若无其事地说:"失去一个女人事小,而与邻国和好事大,不能因为一个女人而与邻国失和。"

两次三番得手之后,东胡以为冒顿软弱可欺,全然不把他放在眼里。不久,东胡又看中了与匈奴交界处的一片无人居住的荒芜土地,要求匈奴将此地奉送。群臣认为冒顿连宝马和爱妃都送给了东胡,哪里还会在乎一片无用的荒原呢?因此,有人主张将那片土地送给东胡算了。可是冒顿一反常态,勃然大怒:"领土与宝马、美女不同,是国家赖以生存的根本,怎能随便送人?"他下令将凡是建议割让土地的大臣一律处死。然后召集部队,向东胡发动了突然进攻。匈奴士兵长期遭受东胡的欺凌,早已怒火满腔。因此,一个个奋勇向前。东胡做梦也没有想到,一向软弱可欺的匈奴竟会发兵攻打自己,根本没有做任何防备。在匈奴的猛烈进攻面前,东胡措手不及,一败涂地,东胡王也被杀。

匈奴单于冒顿假痴不癫,在没有坐稳位子之前麻痹敌人,纵其骄奢,然后把握时机,一举歼灭。最后冒顿单于趁士气旺盛,又西击月氏,扩大了自己的疆土。

传世·经典国学集

三十六计

并战计

第二十八计　上屋抽梯

假之以便①，唆②之使前，断其援应，陷③之死地。遇毒，位不当也④。

按语

唆者，利使之也。利使之而不先为之便，或犹且不行。故抽梯之局，须先置梯，或示之以梯。如：慕容垂、姚苌诸人怂秦苻坚⑤侵晋，以乘机自起（《晋书·苻坚传》）。

注释

①假：假装。便：方便。
②唆：唆使。
③陷：掉进，坠入。
④遇毒，位不当也：语出《易经·噬嗑卦》。噬嗑：卦名。本卦为异卦相叠（震下离上）。上卦为离为火，下卦为震为雷，是既打雷，又闪电，威严得很。又离为阴卦，震为阳卦，是阴阳相济，刚柔相交，用来比喻人要恩威并用，严明结合，故名为"噬嗑"。噬嗑，意为咀嚼。噬嗑卦曰："遇毒，位不当也。"本是说"遇毒"，地位不相称（六三是阴爻，三是阳位，阴处阳位，故不相称），是位不当。此计运用此理，是说敌人受我之唆使，犹如贪食抢吃，只怪自己见利而受骗，才陷于死地。
⑤慕容垂：十六国时期后燕的建立者，公元384—396年在位，鲜卑族，前

燕时封吴王。因受太傅慕容评等人的排挤，被迫投奔前秦，受到前秦王苻坚的礼遇。怂恿、支持秦王苻坚南伐东晋，淝水之战苻坚战败，他趁机恢复燕国，定都中山（今河北正定），史称后燕。姚苌：十六国时期后秦的建立者，公元384—393年在位，羌族首领姚弋仲子，姚襄弟。襄死，他率族众归附前秦。苻坚时，官至龙骧将军。公元383年苻坚在淝水之战中失败，姚苌便于次年率羌人独立，擒杀苻坚，并于公元386年称帝，国号大秦，都长安，史称后秦。苻坚：十六国时期前秦国君，公元357—385年在位，氐族，初为东海王，后杀苻生自立。用王猛做谋士，统一了北方大部分地区。公元383年，苻坚不顾众多大臣的反对，征调九十万军队攻晋，在淝水惨败。各族首领趁机反秦自立。后为羌族首领姚苌杀害。

译文

假装给敌人方便的条件，唆使他们前进，然后切断他们的后援，陷他们于死地。这是从《易经·噬嗑卦》"遇毒，位不当也"一语中悟出的道理。

按语译文

所谓唆使，就是用小利去驱使引诱敌人。如果只用小利去驱使引诱敌人而不给以方便，那么有的敌人就会犹豫不前。所以要采用"上屋抽梯"之计，就必须先给敌人设置好梯子，或让敌人知道有方便上屋的梯子。前秦权臣慕容垂、姚苌皆怀二心，他们怂恿苻坚攻晋，苻坚为之心动，大军倾巢而出，结果大败于淝水。慕容垂、姚苌趁机而起，称帝立国（《晋书·苻坚传》）。

典故探源

东汉末年，刘表偏爱少子刘琮，不喜欢长子刘琦。刘琦的后母害怕刘琦得势，影响到儿子刘琮的地位，非常嫉恨他。刘琦感到自己处在十分危险的境地中，多次请教诸葛亮，但诸葛亮一直不肯为他出主意。有一天，刘琦约诸葛亮到一座高楼上饮酒，等二人正坐下饮酒之时，刘琦暗中派人拆走了楼梯。刘琦说："今日上不至天，下不至地，出君之口，入琦之耳，可以赐教矣!"诸葛亮见状,无可奈何,便给他讲了一个故事。春秋时期,晋献公的妃子骊姬想谋害晋献公的两个儿子:申生和重耳。重耳知道骊姬居心险恶,只得逃亡国外。申生为人厚道,要尽孝心,侍奉父王。一日,申生派人给父王送去一些好吃的东西,骊姬趁机用有毒的食品将申生送来的食品更换了。晋献公哪里知道,准备去吃,骊姬故意说道,这膳食从外面送来,最好让人先尝尝看。于是命左右侍从尝一尝,刚刚尝了一点,侍从倒地而死。晋献公大怒,大骂申生不孝,阴谋杀父夺位,决定要杀申生。申生闻讯,也不作申辩,自刎身亡。诸葛亮对刘琦说:"申生在内而亡,重耳在外而安。"刘琦马上领会了诸葛亮的意图,立即上表请求派往江夏(今湖北武昌西),避开了后母,终于免遭陷害。

刘琦引诱诸葛亮"上屋",是为了求他指点,"抽梯",是断其后路,也就是打消诸葛亮的顾虑。此计用在军事上,是指利用小利引诱敌人,然后截断敌人援兵,以便将敌围歼。这种诱敌之计,自有其高明之处。敌人一般不是那么容易上当的,所以,你应该先给它安放好"梯子",也就是故意给以方便。等敌人"上楼",也就是进入已布好的"口袋"之后即可拆掉"梯子",围歼敌人。

历史案例

1. 李世民逼父造反

隋朝末年,杨广荒淫无度,天下大乱。当时,唐国公李渊留守太原。二儿子李世民虽不满二十,但见识过人,聪明果敢。李世民预感到隋朝的统治已经岌岌可危了,便策动自己的父亲李渊起兵反隋,号令天下。但是,李渊不但不同意,甚至要把李世民抓起来交到官府治罪。李世民经过苦思冥想,利用隋炀帝对李渊心存疑忌的机会,采取上屋抽梯的办法,逼迫李渊造反。

李世民有个心腹叫裴寂,专门负责管理隋炀帝的离宫。有一次,裴寂故意派离宫中的嫔妃去侍奉李渊,按隋朝的法律,这是大逆不道之罪。这件事使李渊在思想上产生了很大的压力。又有一次,裴寂在宴席上佯装喝醉,把李渊父子准备谋反之事说了出来,这使李渊十分害怕。李世民趁机劝李渊:

"事已至此，如果不起兵，皇上饶不了我们。起兵不仅可以自保，而且有可能夺取天下。"李渊感到没有退路，终于同意率众造反。

在这里，李世民对李渊采取逼迫手段，促使李渊"上屋"，给李渊扣上"淫乱后宫""蓄意谋反"的罪名。李渊被逼得无路可走，别无选择，不得不起兵反隋。

2. 楚王的美人

魏国为了巴结强大的楚国，送给楚王一个绝色美人，楚王非常高兴。这事被楚王的夫人郑氏知道了，郑氏怕失宠，于是想了一个办法对付新来的这个美人。

郑氏假装很喜欢新来的美人，见了面异常热情，给她送去许多好东西和好衣服。楚王得知她们关系融洽，感慨地说："夫人忌妒丈夫所喜爱的女子，是情理之中的事。夫人现在喜欢新来的美人胜过我，这是夫人对我的无限忠诚啊！"

有一天，郑氏对新来的美人说："大王说你什么都好，只是你的鼻子难看一点。以后你见大王时捂住鼻子，大王会更喜欢你。"

美人听从了郑氏的话，再见到楚王时，一定要捂住自己的鼻子。楚王对此感到很奇怪，就问郑氏："为什么美人一见我，就捂住鼻子呢？"郑氏说："那是因为她讨厌大王身上的狐臭味！"楚王一听，恼羞成怒，下令割掉了美人的鼻子。从此以后，新来的美人无法得宠了。

郑氏假意对新来的美人友好，引她"上屋"然后又"抽梯"。美人不知宫廷险恶，果然中计，还被施予了残酷的刑法。郑氏用此条毒计保住了她的地位。

3. 贾后废太子

晋惠帝的太子是庶出，太子母亲的家庭也并不显赫。晋惠帝皇后贾氏无子，但又不甘心让别人的儿子当太子，承继天下，于是便想出一条"上屋抽梯"的毒计。

一天，贾后以皇帝身体不适为由，召太子入宫。太子进宫后，并没有见到皇帝,而是被引到一间侧室。一个宫女端着三升酒和一大盘枣走了进来,说这是皇上所赐,要太子就着枣把酒喝完。太子说:"陛下的赏赐我不敢推辞,只是我平素吃不了三升酒,现在空着肚子更喝不了这么多!"宫女照着贾后教给她的话说:"你真是不孝!皇上赐酒,难道你怕其中有毒不成?"太子没办法,只得把三升酒全部喝下。

正当太子醉得迷迷糊糊的时候,一个宫女手拿一份文稿对太子说:"皇上有令,让太子把这份文稿抄上一遍。"太子醉得难辨真伪,不长的文字抄得丢三落四。回宫后他倒头便睡,根本记不清做了些什么。

第二天,惠帝临朝,那篇由太子抄写的文稿被送了上来,只见上面写着,"陛下应当自己了结,你自己不了结,我就入宫把你了结。皇后也应当自己了结,如果她自己不了结,我将亲手将她了结……"惠帝见是太子的笔迹,不禁大惊失色,忙与众臣商议如何处置太子。贾后死党董猛说:"太子犯上,理应处死。"惠帝还是动了恻隐之心,废太子为庶人,免其一死。不久,太子被押到金墉城幽禁起来,他的母亲谢玫惨遭杀害。很明显,事实的真相便是:贾后让人事先写好稿子,太子大醉后,神志不清,于是抄漏了几个字,贾后命人依仿字迹补上。太子就这样被栽赃陷害了。

第二十九计　树上开花

借局布势,力小势大。鸿渐于陆,其羽可用为仪①也。

按语

此树本无花,而树则可以有花,剪彩贴之,不细察者不易觉。使花与树交相辉映,而成玲珑全局也。此盖布精兵于友军之阵,完其势以威敌也。

注释

①鸿渐于陆,其羽可用为仪:语出《易经·渐卦》。渐:卦名。本卦为异卦相叠(艮下巽上)。上卦为巽为木,下卦为艮为山。卦象为木植长于山上,不断生长,比喻人要培养自己的品德,进而影响他人。渐:渐进。本卦上九说"鸿渐于陆,其羽可用为仪,吉。"陆:高地。此句是说鸿雁飞到高地,它的羽毛可以作为文舞的道具,这是吉利之兆。

译文

借助某种局面(或手段)布置成有利的阵势,虽然兵力弱小但阵势却显出强大的样子。鸿雁飞到山头,它的羽毛可以作为文舞的道具,这是吉利之兆。

按语译文

这棵树上本来没有生长花朵,然而可以人为地使它有花,把彩色绸绢剪成花朵粘在枝上,不仔细看的人就不容易发觉。让美丽的假花和树交相辉映,就可造出一棵精巧逼真的完美花树。这就是指把精锐的兵力布置到友军的阵地上,形成一个完整的阵势以震慑敌人。

历史案例

1. 假皇帝行骗

唐懿宗喜欢到寺院微服私访,有些骗子就利用这点行骗。

一天,这伙人听说当地的官员在大安国寺内寄存了上千匹苏州产的绫绸,便策划如何下手。他们选出一个相貌与皇帝酷似的人,让他穿上皇帝私访时常穿的衣服,带上几个仆人,大摇大摆地来到大安国寺。当时寺内有两个穷困潦倒的乞丐,假皇帝很善意地给他俩一些钱,打发他俩走了。不久,乞丐们接二连三地向假皇帝讨钱物,假皇帝身上带的钱施舍完了,便对寺院里的和尚说:"寺院里有什么东西,可以借我一用?"和尚看到眼前的人是私访的皇帝,吓了一跳,毕恭毕敬地说:"柜里有别人寄存的绫绸一千匹,听凭万岁处理。"接着,和尚打开柜门,把绫绸全拿了出来。假皇帝一挥手,几个仆人很快将绫绸搬走了。临行前,一个仆人对和尚说:"明天早晨到朝门来找我,我带你入宫,皇帝是不会亏待你的。"和尚第二天一大早去朝门查访,根本没人接待他,终于明白是上当受骗了。

骗子利用皇帝这棵"树",在上面"开花",骗走寺庙的绸缎,欺骗了老实的和尚。

2. 雁门之围

公元615年,荒淫的隋炀帝巡视边塞地区,以此炫耀隋朝的文治武功。不承想,炫耀武力的目的没有达到,反而遭到了突厥骑兵的突然袭击。当时,突厥始毕可汗得知护卫隋炀帝北巡的兵力不多,便调集数十万骑兵将隋炀帝围困在雁门关。雁门一带四十一座城池,有三十九座被突厥攻占。隋炀帝龟缩于雁门，城中兵民十五万，仅有二十余天的粮食，形势十分危急。隋炀帝根据臣下的建议，把求救的诏书系在木头上，投入滚滚的汾水，让其顺流而下，希望沿岸得到消息后能派出援兵迅速赴援。这时，年仅十八岁、正在屯卫将军云定兴手下服役的李世民，在得知消息后，提出了一个解围的建议："始毕敢举兵围天子，必定以为我仓促不能赴援，事实上也是这样。仓促之间，难以调集大军——凭我们这点兵力，难以解雁门之围。因此，我们应该虚张声势，将队伍拉开数十里，给敌人造成我们人多势众的假象。同时，白天大张旌旗，夜晚战鼓相应，敌人必定以为我救兵大至，望风遁走。不然，敌众我寡，如果全军前来与我交战，我军肯定不是其对手。"云定兴采纳了李世民的计谋。突厥果然以为隋朝救兵大至，便撤围而去，雁门之围遂解。

3. 陈赓制敌

1947年，陈赓、谢富治率军越过陇海一路南下。10月初，部队进入南召、方城，李铁军率国民党军队紧紧尾追。陈赓于是派部分兵力引诱李铁军这条"大牛"往西走，主力则向北和东展开，以策应刘邓大军在大别山作战，待机消灭李铁军兵团。当时，李铁军急欲寻我主力决战。我军执行"牵牛"任务的第十三旅为了造成主力部队出动的声势，故意分成多路行军，展开成宽大正面推进。但是，狡猾的敌人并没有轻易上当。为了诱惑敌人上钩，第十三旅指挥员决定，派一部分部队再绕路回到原来经过的村庄分头驻扎。这些部队每进驻一个村庄，就修起许多锅台，到处点起烟火。第二天，又让乡亲们奔走相告："老八路过来啦！光骡子和马就过了半夜。我们村里驻了好几千人，村口路边修的尽是锅台。"消息传到敌营，老奸巨猾的李铁军仍不敢轻信，他先派出一个旅作试探性行动，主力仍旧按兵不动。于是，我第十三旅又摆出主力部队的架势攻打镇平。李铁军这才下定决心，亲率大队人马前来与伪装为主力的第十三旅决战。我第十三旅见敌已上钩，便从镇平撤走，一路走走停停，和尾追而来的敌人保持一定的距离；打打撤撤，促使敌人紧追不舍。为了进一步迷惑敌人，第十三旅索性改为白天行军，专门在大路上扬起滚滚烟尘；扔掉散乱的背包等物品，制造大部队行动的假象，故意让敌人的侦察飞机发现。担任后卫的部队每当和敌人接触打一场小的阻击战之前，都修筑大量的工事，留给敌人"参观"。这样，一连几个月，李铁军一直把第十三旅误认为是我军主力，被牵着鼻子转圈。我军主力则趁此机会，顺利开进到豫西地区，为后来展开反攻创造了有利条件。

陈赓、谢富治的"牵牛"战斗打乱了蒋介石作战中原的计划，也加快了豫西、陕南等解放区的扩大进程，并为解放军解放南阳奠定了基础。

4. 田单的火牛阵

公元前284年，乐毅率领六国联军伐齐，以报三十年前齐出兵燕国之仇。大军一路势如破竹，短短半年间，齐国七十多座城池纷纷陷落，只剩下莒城和即墨城了。乐毅乘胜追击，围困莒和即墨。齐国拼死抵抗，燕军久攻不下。

这时，有人在燕王面前说："乐毅不是我燕国人，当然不会真心为了燕国，不然，两座城怎么会久攻不下呢？恐怕他是想自己当齐王吧。"燕昭王听了，却并没有对乐毅产生怀疑。可是燕昭王去世，继位的惠王马上用自己的亲信骑劫取代乐毅。乐毅知道于己不利，只得逃回赵国老家。

齐国守将是非常有名的军事家田单，他深知骑劫根本不是将才，虽然燕军强大，只要计谋得当，一定可以击败。

田单首先利用两国的士兵都具有迷信心理的特点，他要求齐国军民每天饭前要拿食物到门前空地上祭祀祖先。这样，成群的乌鸦、麻雀结伙地赶来争食。城外燕军一看，觉得奇怪：原来听说齐国有神师相助，现在真的连飞鸟每天都定时朝拜。弄得人心惶惶，非常害怕。

田单的第二手，是让骑劫本人上当。田单派人放风，说乐毅过于仁慈，谁也不怕他，如果燕军割下齐军俘虏的鼻子，齐人肯定会吓破胆。骑劫觉得有道理，果然下令割下俘虏的鼻子，挖了城外齐人的坟墓，这样残暴的行为激起了齐国军民的义愤。

田单的第三手，是派人送信，大夸骑劫治军的才能，表示愿意投降。一边还派人装成富户，带着财宝偷偷出城投降燕军。骑劫确信齐国已无作战能力了，只等田单开城投降！

田单最绝的一招是：齐军人数太少，即使进攻，也难取胜。于是他把城中的一千多头牛集中起来，在牛角上绑上尖刀，牛身上披上画有五颜六色、稀奇古怪图案的红色衣服，牛尾巴上绑一大把浸了油的麻苇。另外，选了五千名精壮士兵，穿上五色花衣，脸上绘成五颜六色，手持兵器，命他们跟在牛的后面。

这天夜晚，田单命令把牛从新挖的城墙洞中放出，点燃麻苇，牛又惊又躁，直冲燕国军营。燕军根本没有防备，再说，这火牛阵势，谁也没有见过，一个个吓得魂飞天外，哪里能够还手。齐军五千勇士接着冲杀进来，燕军死伤无数。骑劫也在乱军中被杀，燕军一败涂地。齐军乘胜追击，收复七十余城，使齐国转危为安。就这样，乐毅辛苦攻下的七十余城还没有焐热，转眼又物归了原主。田单把齐襄王从莒城迎回临淄，齐国从亡国的困境中摆脱出来。

5. 独战长坂坡

曹操以为江陵有着很重要的军备物资，怕刘备抢先占领，于是丢下重型军备，轻兵赶到襄阳。但听说刘备早就逃走了，曹操于是用精兵五千急速追赶，一日一夜急行三百余里。刘备慌忙率荆州军民退守江陵，由于跟着撤退的百姓太多，所以撤退的速度非常慢。曹兵追到当阳，与刘备的部队打了一仗，刘备败退，令张飞断后，阻截追兵。张飞只有二三十个骑兵，怎敌得过曹操的大队人马？那张飞临危不惧，临阵不慌，顿时心生一计。他命令所率的二三十名骑兵都到树林子里去，砍下树枝，绑在马后，然后骑马在林中飞跑打转。张飞一人骑着黑马，横着长矛，威风凛凛站在长坂坡的桥上。追兵赶到，见张飞独自骑马横矛站在桥上，好生奇怪，又看见桥东树林里尘土飞扬。追击的曹兵马上停止前进，以为树林之中定有伏兵，不敢轻进。张飞靠"树上开花"之计，迷惑了曹军，与刘备和荆州军民顺利撤退，证明他也是个有勇有谋的大将。

第三十计　反客为主

乘隙插足，扭其主机①，渐之进也②。

按语

为人驱使者为奴，为人尊处者为客，不能立足者为暂客，能立足者为久客，客久而不能主事者为贱客，能主事则可渐握机要，而为主矣。故反客为主之局：第一步须争客位，第二步须乘隙，第三步须插足，第四步须握机，第五步乃成为主。为主，则并人之军矣，此渐进之阴谋也。如李渊书尊李密③，密卒以败（《隋书·李密传》）。汉高祖视势未敌项羽之先，卑事项羽，使其见信，而渐以侵其势，至垓下一役，一举亡之（《史记·高祖本纪》）。

注释

①主机：要害之处。

②渐之进也：语出《易经·渐卦》。渐：卦名，本卦为异卦相叠（艮下巽上）。上卦为巽为木，下卦为艮为山。卦象为木植长于山上，不断生长，比喻人要培养自己的品德，进而影响他人。渐：循序渐进。"渐之进也"意为"渐"，就是"渐进"的意思。

③李渊：唐高祖。唐王朝建立者。祖籍陇西成纪（今甘肃秦安）。贵族出

身，袭封唐国公。隋末，任太原留守。公元617年，他趁隋末农民起义风起云涌、隋政权摇摇欲坠之机起兵反隋，攻取长安，立炀帝孙杨侑为帝。次年逼杨侑让位，建立唐朝。在位九年，传位次子李世民，自称太上皇。李密：隋末瓦岗军首领。京兆长安人。上柱国、蒲山公李宽之子。隋末起兵反隋，后入关降唐。后因反唐被杀。

译文

趁着敌方有漏洞、空隙就赶紧插足进去，扼住其关键要害部分，循序渐进地达到自己的目的。

按语译文

受他人驱使的人是奴仆；受他人尊重的人是贵客；到人家做客，不能站稳脚跟的是暂时的客人；能够长久立足的是长久的客人；虽然能站稳脚跟长期当客人，但不能主事的是地位卑下的客人；能主事并且可以渐渐掌握机要的人，就可以变成主人。所以"反客为主"的演变过程为：第一步须争得客位；第二步须善于发现有利机会；第三步须趁机插足进去；第四步须掌握机要；第五步就可以变成主人。做了主人后，就可以兼并别人的军队为自己所有，这是一个循序渐进的阴谋。隋末李渊打天下时，在尚未站稳脚跟之前，曾致书尊崇称霸一方的李密，李密对李渊因此疏于防备，最终被李渊打败（《隋书·李密传》）。汉高祖刘邦评估自己尚难与项羽抗衡之前，便谦卑地侍奉项羽，取得项羽的信任，然后慢慢地侵吞他的势力，等到垓下一役，一举消灭了项羽（《史记·高祖本纪》）。

历史案例

1. 袁绍夺冀州

公元190年，韩馥与袁术同推袁绍为盟主，起兵讨伐董卓。第二年，袁绍协助韩馥夺取了冀州。后来，袁绍势力渐渐强大，总想不断扩张。他屯兵河内，缺少粮草，十分犯愁。老友韩馥知道情况之后，主动派人送去粮草，帮袁绍解决供应困难。

袁绍觉得等待别人送粮草,不能够解决根本问题。他听了谋士逢纪的劝告,决定夺取粮仓冀州。而当时的冀州牧正是其老友韩馥。

他首先给公孙瓒写了一封信,建议与他一起攻打冀州。公孙瓒早就想找个理由攻占冀州,这个建议正中下怀。他立即下令,准备发兵攻打冀州。

袁绍又暗地派人去见韩馥,说:公孙瓒和袁绍联合攻打冀州,冀州难以自保。袁绍过去不是你的老朋友吗?最近你不是还给他送过粮草吗?你何不联合袁绍,对付公孙瓒呢?让袁绍进城,冀州不就保住了吗?

韩馥无奈,只得让袁绍带兵入冀州。袁绍趁机把自己的心腹安插在了冀州的要害部位,不动声色地代替韩馥成为冀州的实际掌权者,韩馥只好逃出城,只身投靠了张邈。

2. 林冲火并王伦

林冲原为东京八十万禁军枪棒教头,被高衙内逼上梁山以后,一直得不到寨主王伦的重用。晁盖、吴用等人智劫生辰纲,又在石碣村大败官兵之后,便投奔了水泊梁山。

不料,梁山寨主"白衣秀士"王伦嫉贤妒能,心胸狭窄,担心众豪杰入伙之后,危及自己所坐的第一把交椅,竟不愿意收留。

梁山内的好汉林冲对王伦愤愤不平。"智多星"吴用窥破其中隐情,便决定唆使林冲火并王伦。

次日,吴用在与林冲交谈中表示:既然王伦不愿收留,只好另投别处,劝林冲不必为"新兄弟"而与王伦翻脸。林冲是一个性情耿直的汉子,经吴用这么一激,反倒生出火并之意。那天,王伦以"粮少房稀""一洼之水难容众多真龙"为由,对晁盖、吴用等人下了逐客令。林冲再也按捺不住了,直言痛斥王伦笑里藏刀,言清行浊。吴用趁机劝林冲"不要火并",并派人看住山寨的其他首领。林冲骂得兴起,顺势一刀斩了王伦,随即提议晁盖为山寨之主。晁盖表白自己"强宾不压主",但盛情难却,还是坐上了山寨的头把交椅。

林冲在吴用的智激下,火并王伦,吴用推林冲坐第一把交椅,遭到拒绝。最后推晁盖为大头领,开拓了梁山泊的新局面。

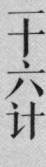

第六套

败战计

第三十一计　美人计

兵强者，攻其将；将智者，伐其情。将弱兵颓，其势自萎。利用御寇，顺相保也①。

按语

兵强将智，不可以敌，势必事之。事之以土地，以增其势，如六国之事秦，策之最下者也。事之以币帛，以增其富，如宋之事辽金，策之下者也。惟事之以美人，以佚其志，以弱其体，以增其下之怨。如勾践以西施、重宝取悦夫差，乃可转败为胜。

注释

①利用御寇，顺相保也：语出《易经·渐卦》。渐：卦名，本卦为异卦相叠（艮下巽上）。上卦为巽为木，下卦为艮为山。卦象为木植长于山上，不断生长，比喻人要培养自己的品德，进而影响他人。渐：渐进。"利用御寇，顺相保也"是说有利于抵御敌人，能顺利地保卫自己。

译文

对于兵力强大的敌人，就攻击其将帅；对于有智慧的将帅，就打击其情感。等到将帅意志动摇，兵士斗志消沉时，敌人的气势自然就会萎缩衰退。

利用这种方法来抵御敌人，就可以顺利地保存自己。

按语译文

对于实力强大而将帅又明智的敌人，不能与之为敌，势必要暂时侍奉、顺从他们。用割让土地的办法来讨好他们，使他们的势力更加强大，这就如同齐、楚、韩、燕、魏、赵六国侍奉秦国一样，是最下等的策略。用金钱和绸缎来侍奉他们，使他们的财富增加，这就如同宋朝侍奉辽、金一样，也是下等策略。只有用美女来侍奉他们，来消磨他们的意志、削弱他们的体力，并且增加他们部下对他们的抱怨，这就如同越王勾践以美女西施和国内的贵重宝物来取悦吴王夫差一样，这样才能转败为胜。

典故探源

美人计，语出《六韬·文伐》："养其乱臣以迷之，进美女淫声以惑之。"意思是对于用军事行动难以征服的敌方，要使用"糖衣炮弹"，先从思想意志上打败敌方的将帅，使其内部丧失战斗力，然后再行攻取。就像本计正文所说，对兵力强大的敌人，要制伏它的将帅；对于足智多谋的将帅，要设法去腐蚀他。将帅斗志衰退，部队肯定士气消沉，就失去了作战能力。利用多种手段，攻其弱点，己方就能顺势保存实力，由弱变强。

历史案例

1. 杨坚送美人

公元579年，北周年仅七岁的皇帝宇文阐登基，皇帝年幼，便由隋国公、外祖父、丞相杨坚辅政，杨坚成了实际的掌权者。

但是，杨坚的专权引起了宇文家族的不满。宣帝的弟弟汉王宇文赞早就想当皇帝。宣帝死后他便搬到宫中，上朝听政时故意同杨坚同帐而坐。杨坚对此很恼火，但又不好说什么。

杨坚知道宇文赞是一个好色之徒，见了美女就挪不动腿，于是派心腹刘昉选了几个美女送给宇文赞。宇文赞满心欢喜地接受，根本不知杨坚的用心。宇文赞自得了美女以后，整日欢歌达旦，对政事逐渐失去了兴趣，很少与杨坚同帐而坐了。

刘防依杨坚的意思对宇文赞说："大王，您是先帝的弟弟，继承大统乃众望所归。只不过先帝刚死，大家情绪尚未稳定。您暂时回归王府，等时机到了您再回宫即位也不迟。"十六岁的宇文赞轻信了刘防的话，便从宫中搬回王府，从此每日与美女们玩乐，再也不过问政事了。

公元581年，杨坚发动政变，皇帝禅让帝位给杨坚，至此北周灭亡，隋朝建立。

2. 王允献貂蝉

汉献帝登基时才九岁，朝政由董卓把持。董卓生性残暴，他随便杀害公卿，飞扬跋扈，对百姓更是剽掠资物，欺辱妇女，为非作歹。

司徒王允十分担心，朝廷出了这样一个奸贼，不除掉他，国将不国。但董卓势力强大，正面攻击，无人斗得过他。董卓身旁有一义子，名叫吕布，骁勇异常，忠心保护董卓。

王允观察这"父子"二人狼狈为奸，不可一世，但有一个共同的弱点：皆是好色之徒。何不用"美人计"，让他们互相残杀，以除奸贼？

王允府中有一歌女，名叫貂蝉。这个歌女不但色艺俱佳，而且深明大义。王允向貂蝉提出用美人计诛杀董卓的计划。貂蝉为感激王允对自己的恩德，决心牺牲自己，为民除害。

在一次私人宴会上，王允主动提出将自己的"女儿"貂蝉许配给吕布。吕布见这一绝色美人，喜不自胜，十分感激王允。二人决定选择吉日完婚。第二天，王允又请董卓到家里来，酒筵间，要貂蝉献舞。董卓一见，馋涎欲滴。王允说："太师如果喜欢，我就把这个歌女奉送给太师。"老贼假意推让一番，高兴地把貂蝉带回府中去了。

吕布知道之后大怒，当面斥责王允。王允编出一番巧言哄骗吕布。他说："太师要看看自己的儿媳妇，我怎敢违命！太师说今天是良辰吉日，决定带回府去与将军成亲。"吕布信以为真，等待董卓给他办喜事。过了几天没有动静，再一打听，原来董卓已把貂蝉据为己有。吕布一时也没了主意。

一日董卓上朝，忽然不见身后的吕布，心生疑虑，马上赶回府中。在后花园凤仪亭内，见吕布与貂蝉抱在一起，他顿时大怒，用戟朝吕布刺去。吕布闪身躲过，没能击中。吕布怒气冲冲离开太师府。原来，吕布与貂蝉私自约会，貂蝉按王允之计，挑拨他们父子的关系，大骂董卓夺了吕布所爱。

王允见时机成熟，邀吕布到密室商议。王允大骂董贼强占了女儿，夺去了吕将军的妻子，实在可恨。吕布咬牙切齿，说："不是看我们是父子关系，我真想宰了他。"王允忙说："将军错了，你姓吕，他姓董，算什么父子？再说，他抢占你的妻子，用戟刺杀你，哪里还有什么父子之情？"吕布说："感谢司徒的提醒，不杀老贼誓不为人！"

一切准备就绪，正逢皇帝大病初愈，朝中文武都纷纷来恭贺天子龙体康复。吕布事先安排自己亲信换上宫中侍卫的装束，隐蔽在宫殿侧门。董卓刚到侧门，吕布等人突然袭击，董卓大惊，慌忙中呼救吕布，吕布不为所动，一戟直穿咽喉而过，董卓当场被杀，株连三族。董卓就这样死在了王允的美人计之下。

第三十二计　空城计

虚者虚之①，疑中生疑；刚柔之际②，奇而复奇。

按语

虚虚实实，兵无常势。虚而示虚，诸葛而后，不乏其人。如吐蕃③陷瓜州，王君焕④死，河西⑤恟惧。以张守珪⑥为瓜州刺史，领余众，方复筑州城。版幹（gàn）⑦裁立，敌又暴至。略无守御之具，城中相顾失色，莫有斗志。守珪曰："彼众我寡，又疮痍之后，不可以矢石相持，须以权道制之。"乃于城上置酒作乐，以会将士。敌疑城中有备，不敢攻而退（《新唐书·张守珪传》）。又如齐祖珽（tǐng）为北徐州⑧刺史，至州，会有陈寇⑨，百姓多反。珽不关城门。守陴者，皆令下城，静坐街巷，禁断行人，鸡犬不乱鸣吠。贼无所见闻，不测所以，或疑人走城空，不设警备。珽复令大叫，鼓噪聒天，贼大惊，顿时走散（《北齐书·祖珽传》）。

注释

①虚者虚之：第一个"虚"为名词，意为"空虚"，第二个"虚"为动词，使动用法，意为"使它空虚"。

②刚柔之际：语出《易经·解卦》。解：卦名。本卦为异卦相叠（坎下震上）。上卦为震为雷，下卦为坎为雨。雷雨交加，荡涤宇内，万象更新，万物萌生，故卦名为"解"。解：解除。解卦曰："刚柔之际，义无咎也。"意思是说使刚与柔相互交会，没有灾难。此计运用解卦象理，是说敌我交战，运用此计可产生奇妙而又奇妙的功效。

③吐蕃：唐时国名，属乌斯藏族。

④王君焕：瓜州常乐（今甘肃瓜州县）人，字威明。开元中为河西陇右节度使，以击破吐蕃功，升大将军。后吐蕃陷瓜州，回纥等部叛，君焕力战死。

⑤河西：唐代的藩镇，治所在今甘肃威武，管辖的地方相当于今甘肃河西走廊。

⑥张守珪：唐陕西人。开元中为瓜州刺史，因为打败吐蕃有功，官升至辅国大将军。

⑦版：夹板。幹：同"干"，筑墙夹板两头所立的木桩。古时筑墙，两个板子相夹，当中放土，用杵舂坚实。

⑧祖珽：北齐范阳人，字孝征。曾任北徐州刺史，州有陈寇，仇者欲令城陷于贼，不派救兵。孤军战守，城卒保全。北徐州：北齐王设置，治所在今安徽凤阳东北，管辖的地区相当于今淮河以南的蚌埠（bèng bù）市和凤阳、定远、嘉山等县。

⑨陈寇：陈：指南朝陈。寇：指进攻、入寇。公元573年，南朝陈宣帝派吴明征、裴忌等带领十万大军进攻北齐，《北齐书》称之为"陈寇"。

译文

兵力空虚，就故意显示出不设防的样子，使敌人在疑惑中更加产生疑惑；用这种刚柔并济的方法对付强大的敌人，这是奇法中的奇法。

按语译文

虚中有实，实中有虚，用兵没有固定不变的模式。本来兵力就空虚，却要把空虚的样子显示给人看，自从诸葛亮以后，运用此计的人为数不少。比如唐玄宗时，吐蕃人攻陷了瓜州，守将王君焕战死，河西的老百姓十分惊慌。这时朝廷任命张守珪为瓜州刺史，他率领一部分民众修复城墙。筑墙夹板两端的木桩刚刚立好，吐蕃人又来突袭。当时没有防御的武器，城里的人面面相觑，不知所措，丧失了战斗的勇气。这时张守珪对大家说："敌众我寡，战乱的创伤还没有平复，不能用弓箭、雷石等武器去硬抗，必须用智谋来制伏敌人。"于是他在城墙上面设置了酒席大宴和众将领、士兵们欢饮作乐。因此吐蕃人怀疑城中有埋伏，不敢进攻，反而撤退了（《新唐书·张守珪传》）。又比如，北齐祖珽被任命为北徐州刺史，刚到任就遇南陈军侵入，当地的老百姓大多数也起来造反。祖珽下令不关城门，并让守城的士兵都到城内去静坐在大街小巷，街道上禁止行人通行。全城顿时寂然无声，鸡鸣狗叫声音不乱。陈军没有探听到城中的情况，也摸不清城中到底是怎么一回事儿，因此，怀疑是人员都已撤离，只剩一座空城，也就没有什么警备。就在敌人疑惑不定之时，祖珽命令城中士兵突然大喊大叫，同时锣鼓喧天，陈军大惊，一会儿就纷纷逃散了（《北齐书·祖珽传》）。

历史案例

1. 马知节退兵

马知节的父亲马全义曾随宋太祖平定天下，所以他从小生活在武将家庭氛围中。宋真宗年间，马知节任延州知州，有一年元宵节，派出去侦察的士卒回来禀报说：边寇的大队人马正向延州开来。马知节心想：城内军民正准备过节，如果听到这个消息，一定会混乱不堪。再就是自己的兵马太少，不足以抗敌，怎么办呢？想着想着，他忽然眼前一亮，立即有了应对的办法。

马知节首先命令大开城门，然后张灯结彩，大摆宴席，全军上下与民同乐，共度佳节。将士们看到知州如此镇定自若，知道定有破敌良策，军心稳定，行动有序。城中百姓见如此情形，也都安心过节。边寇兵临延州城下，看见城中其乐融融，张灯结彩，欢声笑语，于是心中疑惑，引兵而去。

2. 公子元撤兵

公元前666年，楚国令尹公子元亲率兵车六百乘，浩浩荡荡，攻打郑国。楚国大军一路连下几城，直逼郑国国都。郑国国力较弱，都城内更是兵力空虚，无法抵挡楚军的进犯。

郑国危在旦夕，群臣慌乱，有的主张纳款请和，有的主张拼一死战，有的主张固守待援。这几种主张都难解眼前之危。上卿叔詹说："请和与决战都非上策。固守待援，倒是可取的方案。郑国和齐国订有盟约，而今有难，齐国会出兵相助。只是空谈固守，恐怕也难守住。公子元伐郑，实际上是想邀功图名讨好文夫人。他一定急于求成，又特别害怕失败。我有一计，可退楚军。"

郑国按叔詹的计策，在城内作了安排。命令士兵全部埋伏起来，不让敌人看见一兵一卒。令店铺照常开门，百姓往来如常，不准露一丝慌乱之色。大开城门，放下吊桥，摆出完全不设防的样子。

楚军先锋到达郑国都城城下，见此情景，心里起了怀疑，莫非城中有了埋伏，诱我中计？不敢妄动，等待公子元。公子元赶到城下，也觉得好生奇怪。他率众将到城外高地眺望，见城中确实空虚，但又隐隐约约看到了郑国的旌旗甲士。公子元认为其中有诈，不可贸然进攻，先进城探听虚实，于是按兵不动。

这时，齐国接到郑国的求援信，已联合鲁、宋两国发兵救郑。公子元闻报，知道三国兵到，楚军定不能胜。好在也打了几个胜仗，还是赶快撤退为妙。他害怕撤退时郑国军队会出城追击，于是下令全军连夜撤走，人衔枚，马裹蹄，不出一点声响。所有营寨都不拆走，旌旗照旧飘扬。

第二天清晨，叔詹登城一望，说道："楚军已经撤走。"众人见楚营旌旗招展，不甚相信。叔詹问："如果营中有人，怎会有那样多的飞鸟盘旋上下呢？他也用空城计欺骗了我，急忙撤兵了。"这据说便是中国历史上第一个使用空城计的战例。

3. 李广巧布空城计

汉景帝时期，李广任上郡太守，匈奴入侵上郡，景帝派他的一个宠臣同李广一起抗击匈奴。

一天，皇帝派到上郡的宦官带人外出打猎，遇到三个匈奴兵的袭击，宦官受伤逃回。李广大怒，亲自率领一百名骑兵前去追击。一直追了几十里地，终于追上，杀了两名，活捉一名，正准备回营时，忽然发现有数千名匈奴骑兵也向这里开来。匈奴队伍也发现了李广，但看见李广只有百名骑兵，以为是为大部队诱敌的前锋，不敢贸然攻击，急忙上山摆开阵势，观察动静。

李广的骑兵非常恐慌。李广沉着地稳住队伍："我们只有百余骑，离我们的大营有几十里远。如果我们逃跑，匈奴定会追杀我们。如果我们按兵不动，敌人肯定会疑心我们有大部队行动，他们绝不敢轻易进攻的。现在，我们继续前进。"到了离敌阵仅二里地光景的地方，李广下令："全体下马休息。"李广的士兵卸下马鞍，悠闲地躺在草地上休息，看着战马在一旁津津有味地吃草。

匈奴部将感到十分奇怪，派了一名军官出阵观察形势。李广立即命令上马，冲杀过去，一箭射死了这个军官。然后又回到原地，继续休息。

匈奴部将见此情形，更加恐慌，料定李广胸有成竹，附近定有伏兵。天黑以后，李广的人马仍无动静。匈奴部将怕遭到大部队的突袭，慌慌张张引兵逃跑了。

第二天一早，李广等一百余人回到了部队大营。李广全身而退体现了临危不惧的品质和随机应变的智慧。

第三十三计　反间计

疑中之疑①。比之自内，不自失也②。

按语

间者，使敌自相疑忌也；反间者，因敌之间而间之也。如燕昭王薨，惠王③自为太子时，不快于乐毅④。田单⑤乃纵反间曰："乐毅与燕王有隙，畏诛，欲连兵王齐。齐人未附，故且缓攻即墨，以待其事。齐人惟恐他将来，即墨残矣。"惠王闻之，即使骑劫⑥代将，毅遂奔赵（《东周列国志》第九十五回）。又如周瑜利用曹操间谍，以间其将；陈平以金纵反间于楚军，间范增，楚王疑而去之。亦疑中之疑之局也。

注释

①疑中之疑：在疑阵中再布疑阵。

②比之自内，不自失也：语出《易经·比卦》。比：卦名。本卦为异卦相叠（坤下坎上）。本卦上卦为坎为水，下卦为坤为地，水附托于大地，大地容纳着水，此为相依相赖，故名"比"。比：亲比，亲密相依。"比之自内，不自失也"意思是说亲近他从内部做起，自己没有失误。此计运用比卦象理，是说在布下重重疑阵之后，能使来自敌方的间谍去误传假情报，这样就不会因有内奸而遭受损失。

③惠王：燕惠王，燕昭王的儿子，名乐资。燕大夫骑劫与乐资友好，他纵容乐资在昭王面前中伤乐毅，昭王不信，打了乐资二十大板。昭王死后，乐资嗣位，乐毅便有了顾虑。

④乐毅：战国时燕将，中山国灵寿（今河北灵寿）人，乐羊的后代，燕昭王时任亚卿。公元前284年率军攻打齐国，先后攻下七十多城，因功封于昌国（今山东省淄川东北），号昌国君。燕惠王即位，中齐反间计，改调骑劫为将。乐毅被迫出奔赵国，封为望诸君。

⑤田单：战国时齐将，临淄人，初为市吏。燕将乐毅破齐国时，他坚守即墨（今山东平度）。公元前279年，田单施用反间计，使燕惠王改调骑劫为将。后来他用火牛阵击破燕军，一举收复七十多城，被齐襄王任为相国，封安平君。公元前264年入赵，任为相国，封都平君。

⑥骑劫：原为燕国大夫，与燕太子乐资交好，居心掌握兵权。乐资立为惠王后，中田单反间计，任他为将，代替乐毅。后为齐军所败，死于乱军之中。

译文

在疑阵中再布疑阵（使敌方安插在我方的间谍因搞不清真实情况而去传递假情报），这样敌方就会自折羽翼，这样就可以保全自己。

按语译文

做间谍的，就是使敌人内部互相怀疑和猜忌；所谓反间，就是利用敌人派来的间谍转而离间敌人的计谋。如战国时燕昭王死后，惠王即位。惠王在做太子时就和大将乐毅有私仇。齐国大将田单于是趁机用反间计，故意派人到燕国散布谣言说："乐毅与燕惠王有私仇，怕惠王杀他，所以他想联合齐国军队，称王于齐国。因为齐人还没有投降他，所以他才暂缓攻下即墨，目的是为了等待时机，成就大事。齐国人唯恐燕国改派别的大将来取代乐毅，如果那样，即墨城早就陷落了！"燕惠王听信了谣言，于是就派骑劫为大将，取代了乐毅，乐毅被迫逃亡到赵国（《东周列国志》第九十五回）。又如三国时东吴大将周瑜曾利用曹操派来的间谍进行反间活动，来挑拨离间他的将领，使曹操斩杀了大将蔡瑁、张允；陈平用重金散布谣言，离间项羽和范增的君臣关系，使项羽猜忌，范增辞官归里，途中病死。这同样也是疑局中再设疑局的谋略。

历史案例

1. 韩世忠反间使者

南宋朝廷腐败，权相秦桧主张同金国议和，采用投降主义政策，遭到了韩世忠、岳飞等爱国将领的唾弃，他们仍坚持抗击西夏、金等国对大宋的侵略。

公元1134年，韩世忠镇守扬州。南宋朝廷派魏良臣、王绘等去金营议和。二人北上，经过扬州。韩世忠心里极不高兴，生怕二人为讨好敌人，泄露军情。可他转念一想，何不利用这两个家伙传递一些假情报。等二人经过扬州时，韩世忠故意派出一支部队开出东门。二人忙问军队去向，回答说是开去防守江口的先头部队。二人进城，见到韩世忠。忽然一再有流星庚牌送到。韩世忠故意让二人看，原来是朝廷催促韩世忠马上移营守江。

第二天，二人离开扬州，前往金营。为了讨好金军大将聂呼贝勒，他们透露韩世忠接到朝廷命令，已率部移营守江。聂呼贝勒送二人往金兀术处谈判，自己立即调兵遣将，想趁韩世忠移营守江，扬州城内空虚，一举夺取。于是，他亲自率领精锐骑兵向扬州挺进。

韩世忠送走二人，急令"先头部队"返回，在扬州北面大仪镇（今江苏仪征东北）的二十多里处设下埋伏，形成包围圈，等待金兵。金兵大军一到，韩世忠率少数兵士迎战，边战边退，把金兵引入伏击圈。只听一声炮响，宋军伏兵从四面杀出，金兵乱了阵脚，一败涂地，慌忙逃命，损失惨重。金兀术震怒，囚禁了那两个南宋使者。可怜这两个卖国贼，最后没明白怎么回事，就糊里糊涂地做了刀下亡魂。

2. 胡宗宪灭倭寇

胡宗宪是明朝抗倭名将，他善于用人，精通谋略，培养出了戚继光这样的人才，在抗击外来势力侵略的事业上立下了赫赫功勋，明世宗非常看重他。

当时倭寇的主要首领徐海、陈东和麻叶在乍浦一带建立据点，四处抢掠。胡宗宪在他们之间制造矛盾，挑拨他们自相残杀，各个击破。

到嘉靖三十五年，徐海暗地里向胡宗宪表示愿意归顺，胡宗宪就对徐海说："你已经归附朝廷，现在吴湘江一带盗贼蜂起，为什么不去杀贼夺船，戴罪立功呢？"徐海果然带兵出战。而同时胡宗宪又命俞大猷把徐海的船一把火给烧了。徐海感到事情有些不妙，为了表明诚意，把他的弟弟交给胡宗宪作人质，并将他的鱼冠、坚甲、名剑及其他许多珍玩送给胡宗宪。胡宗宪也盛情招待他的弟弟，并告诉徐海说，如果你能够抓住陈东和麻叶，我包你可以得到世爵。

不久，徐海果然把麻叶抓来献给胡宗宪。徐海一走，胡宗宪就给麻叶松绑，让他写信给陈东，让陈东进攻徐海。而胡宗宪马上又把麻叶写信的事告诉徐海，徐海一怒之下，把陈东也抓来献给胡宗宪。这时官军大举围攻徐海的老巢乍浦。

徐海约定时间来向胡宗宪投降，胡宗宪还安慰他，让他率众驻在东边。而陈东的部属驻在西边，然后胡宗宪迫使陈东写信给他的部下，信中说，胡宗宪已命令徐海今晚过河来抓你们，陈东部下得信后，当晚就渡河进攻徐海，徐海仓皇逃走。第二天，官兵围剿，徐海投水自尽。这样，徐海、陈东、麻叶一个个落入胡宗宪手中。

胡宗宪用智谋擒得了倭寇首领，他身上聚集了诸多古代儒将的优点，被徐渭称为明代的"郭子仪""李愬"。

3. 周瑜骗蒋干

三国时期，曹操八十三万大军浩浩荡荡杀奔东吴而来，与东吴隔江对峙。但北方士兵，不习水战。为解决这一难题，曹操重用原荆州水军降将蔡瑁和张允两人，加紧训练水军。这两人一直生活在长江边，熟悉水战，有他们协助，曹操无异如虎添翼。消息传来，东吴大将周瑜忧虑异常，要击败曹军，保住东吴半壁江山，必先除掉蔡瑁、张允二人。正当周瑜苦思对策之时，忽听手下报告，自己的老同学蒋干来访，周瑜心中大喜：这真是天助我也！原来，蒋干是曹操帐下谋士，这次来到江南，目的是劝说周瑜投降，并打探虚实。周瑜明知其来意，将计就计，盛情款待，他白天携蒋干四处察看军营，夜晚与蒋干开怀畅饮，酒后留蒋干与自己同房休息。蒋干趁周瑜酣睡之机，在书桌上发现了周瑜预先伪装的蔡瑁、张允二人弃曹投吴的降书，如获至宝，连夜溜回江北，向曹操汇报。曹操生性多疑，本来就对两位降将心存疑虑，如今证据在手，不由分说，便将两人斩首。周瑜得知消息，高兴地说："劲敌已除，可以高枕无忧了。"

曹操中了周瑜的反间计，斩杀了熟悉水战的蔡、张二人。随后又中了庞统的连环计，导致了赤壁之战的惨败。

三十六计

败战计

第三十四计　苦肉计

人不自害，受害必真①。假真真假，间以得行。童蒙之吉，顺以巽也②。

按语

间者，使敌人相疑也；反间者，因敌人之疑，而实其疑也；苦肉计者，盖假作自间以间人也。凡遣与己有隙者以诱敌人，约为响应，或约为共力者，皆苦肉计之类也。如：郑武公伐胡而先以女妻胡君，并戮关其思（《韩非子·说难》）；韩信下齐而郦生遭烹。

注释

①自害：自我伤害。真：真情。

②童蒙之吉，顺以巽也：语出《易经·蒙卦》。本卦是异卦相叠（下坎上艮）。本卦上卦为艮为山，下卦为坎为水为险。山下有险，草木丛生，故说"蒙"。这是蒙卦的卦象。蒙卦曰："童蒙之吉，顺以巽也。"本意是说幼稚蒙昧之人所以吉利，是因为他柔顺服从。《周易浅述》云："舍己从人，顺也。降志下求，巽也。"本计用蒙卦象理，是说如果采用这种办法欺骗敌人，就能顺着他的弱点而达到自己的目的。

译文

人们一般不会自我伤害,如果自我伤害,则必定显得十分真实。我以假作真,以真作假,使敌人深信不疑,那么离间计就可实行了。抓住敌人"幼稚朴素"的心理进行欺弄,就能顺着其弱点达到自己的目的。

按语译文

间谍,就是要使敌人内部互相猜疑;使用反间计,就是利用敌人的猜疑心理,使他真正自己怀疑自己;所谓"苦肉计",就是装作自己内部有矛盾,愿当敌人的间谍,实际是打入敌方内部离间敌人,或趁机进行间谍活动。凡是派遣"与自己有矛盾的人"去诱骗敌人,约定里应外合,或约定协作行动的,都属于苦肉计一类。像春秋时期的郑武公想征伐胡国,就先把自己的女儿嫁给胡君,又杀了主张征伐胡国的大臣关其思,使胡国对郑武公毫无戒心,郑国因此消灭了胡国(《韩非子·说难》)。汉朝时,刘邦派郦食其去劝齐王降汉,使齐王松懈了战备,韩信趁机攻齐,齐王因而烹杀郦食其,郦食其成功地演了出苦肉计。

历史案例

1. 武则天杀女

武则天十四岁时被唐太宗召入宫中,立为才人。唐太宗死后,武则天被迫削发为尼。后来,早就与武则天有染的唐高宗,又把她召入宫中,立为昭仪。武则天想扳倒皇后,自己取而代之,暗中设计谋害皇后。于是,她谋出一条苦肉计。

武则天当时有个女儿,尚在襁褓之中。高宗和皇后很喜欢这个孩子,常来探望。一次,皇后又来看孩子,武则天借故躲避,皇后独自一人逗孩子玩了一会儿就离开了。皇后一走,武则天马上回来,偷偷地将自己的亲生女儿扼死,再用被子原样盖上。恰巧这时高宗来看孩子,武则天说说笑笑把高宗迎了进来。她掀起被子,突然大叫大喊,痛哭起来。高宗上前一看,小公主已手足冰凉。高宗龙颜大怒,把太监、宫女叫来询问刚才有谁来过,大家都说只有皇后来看过孩子。悲恸欲绝的武则天趁势把平时收集的皇后过失一一向高宗陈诉。高宗从此有了废黜皇后的打算。

唐高宗李治废掉皇后，改立武则天为皇后。高宗体弱，武则天垂帘听政，遂成了代替高宗行使皇权，把持朝政者。后来武则天又升为天后，高宗死后，唐王朝落入了武则天手中。

2. 卓文君当垆卖酒

司马相如原是梁王刘武的门客。刘武死后，他回到家乡成都。有一次，他到临邛的财主卓王孙家做客，偶遇卓王孙在家守寡的女儿卓文君。两个人一见钟情。卓文君不顾父亲反对，乘夜与司马相如私奔到成都。卓王孙知道后气得暴跳如雷。

他俩到成都后，日子窘迫，不得不回到临邛，硬着头皮请求卓王孙接济。卓王孙余气未消，哪里肯给钱。司马夫妇经过商量，很快想出了一条"苦肉计"。

他俩把身边的车、马、琴、剑和首饰变卖，用得来的钱在距卓府不远的地方租了一间房，开了一家小酒铺。只见司马相如穿着伙计的衣服，又是擦桌椅，又是端酒菜。卓文君也是粗布衣裙，忙里忙外，招待客人。酒铺刚开张，就吸引来不少人。这倒不是因为他们的酒菜物美价廉，而是人们想前来目睹这对远近闻名的落难夫妇。

很快，临邛城里的人都在议论这件事，大多数人对司马夫妇表示同情，责备卓王孙刻薄。卓王孙是一个讲究脸面的人，他深以为耻，几天后便受不住这些风言风语，答应资助女儿和女婿。卓王孙送给他们一百个奴仆，一百万贯钱。司马夫妇得到了这些财物，谢过了卓财主，关闭了酒铺，双双回到成都，成了那里知名的富户。若干年后，汉武帝刘彻读了司马相如写的《子虚赋》，大为赞赏，以为是古人之作，叹息自己不能和作者同时代。当时侍奉刘彻的杨得意也是蜀人，于是便告之武帝：这篇赋是我同乡司马相如作的。武帝惊喜之余，召见相如，相如挥笔又作《上林赋》，武帝遂拜司马相如为中郎将。

3. 王佐断臂

南宋时，金兀术领兵南伐攻宋，他让他的义子陆文龙做先锋，准备与岳飞在朱仙镇决战。陆文龙本是宋朝潞安州节度使陆登的儿子，金兀术攻陷潞安州，陆登夫妻双双殉国。金兀术将还是婴儿的陆文龙和奶娘掳至金营，收为义子。陆文龙对自己的身世完全不知。

一日，岳飞正在思考破敌之策，忽见部将王佐进帐。岳飞看见王佐脸色蜡黄，右臂已被斩断（已敷药包扎），大为惊奇，忙问发生了什么事。原来王佐打算只身到金营，策动陆文龙反金。为了让金兀术不猜疑，才采取断臂之计。岳飞十分感激，泪如泉涌。

王佐连夜到金营，对金兀术说道："小臣王佐，本是杨么的部下，官封车胜侯。杨么失败我只得归顺岳飞。昨夜帐中议事，小臣进言，金兵二百万，实难抵挡，不如议和。岳飞听了大怒，命人斩断我的右臂，并命我到金营通报，说岳家军即日要来生擒狼主，踏平金营。臣要是不来，他要斩断我的另一只臂。因此，我只得哀求狼主。"

金兀术同情他，叫他"苦人儿"，把他留在营中。王佐利用能在金营自由行动的机会，接近陆文龙的奶娘，说服奶娘，一同向陆文龙讲述了他的身世。陆文龙知道了自己的身世后，决心为父母报仇，诛杀金贼。王佐指点他不可造次，要伺机行动。

金兵运来一批大炮，准备夜袭岳飞。陆文龙知晓后，箭书通报了岳飞，并同王佐、奶娘一起逃奔了宋营。王佐用断臂的苦肉计使陆文龙回朝，避免了宋军人员伤亡，立下了汗马功劳。

4. 勾践忍辱活命

越王勾践刚刚即位，吴王阖闾趁越国国内丧事尚未完，发兵攻打越国，结果身死兵败。两年后，他的儿子夫差为报仇，大败越军，伍子胥劝夫差斩草除根，杀了勾践，越大夫文种贿赂了夫差身边贪财好色的宠臣伯嚭，于是在伯嚭的劝说下，夫差没有杀死勾践，而是把勾践带在身边做奴隶。

到吴国后，勾践住在山洞里。夫差每次外出，勾践都亲自为他牵马。有人辱骂勾践，勾践始终低眉顺眼，表现出一副顺服的神情。他表面上对夫差忠心耿耿，实际上暗中策划复兴越国的方案。

有一次，夫差病了，勾践探望夫差，并亲口尝了尝夫差的粪便，然后对夫差说："我曾跟名医学过医道，只要尝一下病人粪便，就能知道病的轻重。刚才我尝了大王的粪便，味酸而苦，得了'时气之症'。得了这种病很快就会好，请大王不必担心。"夫差听了很受感动，认为勾践比自己的儿子还孝顺，定无反叛之心，不久便允许勾践回到越国。

勾践回国后，立志报仇雪耻，卧薪尝胆，十年生聚，终于灭了吴国。

第三十五计　连环计

将多兵众，不可以敌，使其自累，以杀其势。在师中吉，承天宠也①。

按语

庞统②使曹操战舰勾连，而后纵火焚之，使不得脱。则连环计者，其结在使敌自累，而后图之。盖一计累敌，一计攻敌，两计扣用，以摧强势也（《三国演义》第四十七回）。如宋毕再遇③尝引敌与战，且前且却，至于数四。视日已晚，乃以香料煮黑豆，布地上。复前博战，佯败走。敌乘胜追逐。其马已饥，闻豆香，乃就食，鞭之不前。遇率师反攻，遂大胜。皆连环之计也（《历代名将用兵方略·宋》）。

注释

①在师中吉，承天宠也：语出《易经·师卦》。师：卦名。本卦为异卦相叠（坎下坤上）。本卦下卦为坎为水，上卦为坤为地，水流地下，随势而行。这正如军旅之象，故名为"师"。"在师中吉，承天宠也"是说主帅在军中指挥，吉利，因为得到上天的宠爱。此计运用师卦象理，是说将帅巧妙地运用此计，就如同有上天保佑一样。

②庞统：三国时刘备的谋士，字士元。初与诸葛亮齐名，号"凤雏"。

③毕再遇：宋代兖（yǎn）州人，字德卿。有谋略，精通军事，为抗金名将。

译文

敌人兵多将广，不可以和他们硬拼，应设法使他们自相钳制，以削弱他们的势力。主帅在军中指挥，用兵得法，就会像有天神保佑一样。

按语译文

庞统怂恿曹操用铁链把大小船只统统连接在一起，然后派人纵火焚烧，使之无法逃散。所谓连环计，就是设法使敌人自相牵制，然后再去进攻敌人的计谋。前一计是使敌人自己束缚自己，后一计是配合进攻敌人，两计谋一环扣一环，灵活运用，可以摧毁强敌的势力（《三国演义》第四十七回）。又如宋代抗金将领毕再遇，曾设计引诱敌人来战，他时进时退，如此三番五次地引诱敌人。见天色已晚，就把用香料煮过的黑豆散在阵地上。又前去与敌人搏斗，不多时，又假装败走。于是敌人乘胜追击，战马又累又饿，嗅到遍地豆子的香味，只顾争着吃，任凭鞭子抽打也不肯往前跑。这时，毕再遇率领大军进行反攻，大获全胜。这用的也是连环计。（《历代名将用兵方略·宋》）

典故探源

赤壁大战时，周瑜巧用反间，让曹操误杀了熟悉水战的蔡瑁、张允。曹操后悔莫及，曹营再也没有熟悉水战的将领了。

东吴老将黄盖见曹操水寨船只一个挨一个，又无得力指挥，建议周瑜用火攻曹军。并主动提出，自己愿去诈降，趁曹操不备，放火烧船。周瑜说："此计甚好，只是将军去诈降，曹贼定生疑。"黄盖说："何不使用苦肉计？"周瑜说："那样，将军会吃大苦。"黄盖说："为了击败曹贼，我甘愿受苦。"第二日，周瑜与众将在营中议事。黄盖当众顶撞周瑜，骂周瑜不识时务，并极力主张投降曹操。周瑜大怒，下令推出斩首。众将苦苦求情："老将军功劳卓著，请免一死。"周瑜说："死罪既免，活罪难逃。"命令重打一百军棍，打得黄盖鲜血淋漓。黄盖私下派人送信给曹操，大骂周瑜，表示一定寻找机会前来降曹。曹操派人打听，黄盖确实受刑，现正在养伤。他将信将疑，于是，派蒋干再次过江察看虚实。

周瑜这次见了蒋干，指责他盗书逃跑，坏了东吴的大事。周瑜说："莫怪我不念旧情，先请你住到西山，等我大破曹军之后再说。"把蒋干给软禁起来了。其实，周瑜想再次利用这个过于自作聪明的呆子，所以名为软禁，实际上又在诱他上钩。

一日，蒋干心中烦闷，在山间闲逛。忽然听到从一间茅屋中传出琅琅书声。蒋干进屋一看，见一隐士正在读兵法，攀谈之后，知道此人是名士庞统。他说，周瑜年轻自负，难以容人，所以隐居在山里。蒋干果然又自作聪明，劝庞统投奔曹操，夸耀曹操最重视人才，先生此去，定得重用。庞统应允，并偷偷把蒋干引到江边僻静处，坐一小船，悄悄驶向曹营。

蒋干哪里会想到又中周瑜一计：原来庞统早与周瑜谋划，故意向曹操献锁船之计，让周瑜火攻之计更显神效。曹操得了庞统，十分欢喜，言谈之中，很佩服庞统的学问。他们巡视了各营寨，曹操请庞统提提意见。庞统说："北方兵士不习水战，在风浪中颠簸，肯定受不了，怎能与周瑜决战？"曹操问："先生有何妙计？"庞统说："曹军兵多船众，数倍于东吴，不愁不胜。为了克服北方兵士的弱点，何不将船连锁起来，平平稳稳，如在陆地之上。"曹操果然依计而行，将士们都十分满意。

一日，黄盖在快舰上满载油、柴、硫、硝等引火物资，遮得严严实实。他们按事先与曹操联系的信号，插上青牙旗，飞速渡江诈降。这日刮起东南风，正是周瑜他们选定的好日子。曹营官兵见是黄盖投降的船只，并不防备，忽然间，黄盖的船上火势熊熊，直冲曹营。风助火势，火乘风威，曹营水寨的大船一艘连着一艘，想分也分不开，一齐着火，越烧越旺。周瑜早已准备快船，驶向曹营，只杀得曹操数十万人马一败涂地。

历史案例

1. 孔明计夺汉中

汉中良田千里，精兵粮足，刘备想攻下汉中，作为一个后方根据地。

曹操率大军抵御，谁都不肯轻易让出这块宝地，两军于汉水两岸隔河相对。诸葛亮查看地势，吩咐赵云道："你带兵五百人，携带战鼓号角，埋伏在上游的丘陵地带。只要听到我军营中炮响，便擂鼓助威，只是不许出战。"赵云领命去了，第二天，曹兵前来挑战，见蜀兵坚守不出，只好悻悻回营。晚上，诸葛亮见敌军灯火熄灭，命人放响号炮。赵云听到后，也吩咐鼓角齐鸣。曹兵以为蜀兵来劫寨，急忙起床应战，但未发现一个蜀兵。刚刚睡下，蜀兵那边又擂起战鼓，曹兵还是未发现一个人影。一连三夜，夜夜如此，搞得曹兵筋疲力尽。曹操心里发怵，便退后三十里扎寨。

诸葛亮又请刘备渡汉水后在岸边扎营。次日，曹操领兵向刘备挑战。蜀将刘封出战，曹操命徐晃出战。刘封战不过徐晃，拨马便跑。蜀兵往水边逃走，军器马匹散落满地。曹兵追赶过来，争相拾取，不战自乱。曹操见势不好，忙下令鸣金收兵。正在这时，只见诸葛亮号旗举起，刘备领兵杀回，黄忠、赵云从两翼杀来。曹操逃到南郑，见南郑已被张飞、魏延攻占，只好逃往阳平关。

诸葛亮抓住时机，急令张飞、魏延截断曹兵粮道，又叫黄忠、赵云去放火烧山。曹操在阳平关听说粮道被截、山野被烧，知道后勤方面已无保障，遂领兵出阳平关，希望以一战之功杀败蜀兵。蜀兵出阵的仍是刘封，战了几个回合便败走，曹操追了一阵，怕中埋伏，退回阳平关。这时蜀兵又返身杀回，东门放火，西门呐喊，南门放火，北门擂鼓。曹操心中大惧，急忙弃城突围，到斜谷界口驻扎。蜀兵杀了过来，曹操勉强出战，被魏延一箭射掉两个门牙，仓皇率军逃奔许都，整个汉中丢给了刘备。

诸葛亮计计相扣，令曹操防不胜防。他先是布置疑兵，瞒天过海，夜间擂鼓疲惫敌人，迫使曹操退后三十里。继而，又过河背水结营，引诱曹操前来进攻，然后设伏兵杀敌。曹操退守阳平关后，诸葛亮又釜底抽薪，放火烧山，截断粮道。此后又打草惊蛇，在阳平关四座城门放火呐喊，弄得敌人心惊肉跳。就这样，曹操不得不放弃了阳平关和斜谷界，汉中千里沃土被刘备收入囊中。

2. 秀才夺爱妾

黄冈县汪秀才十分宠爱一名叫小蝶的妾室。一天，汪秀才与小蝶偕同出游，突然窜出一群彪形大汉，不由分说掠走了小蝶。汪秀才着急得到处打听，才知道是柯陈兄弟垂涎小蝶美色，把她抢走了。

汪秀才发誓要夺回小蝶。他向好友借来楼船、哨船，以及伞盖旌旗、冠服之类。之后召集几十个家人，穿上借来的冠服，打扮成军士，自己冒名新任提督，驾楼船和哨船向阊间江口开去。

那柯陈兄弟善于巴结官场上的人，听说新任"提督"光临，早早在江边迎候。"提督"很给他们面子，应邀来柯陈家做客。柯陈兄弟好酒好肉款待"提督"，如此过了三日。

这天，"提督"回谢柯陈兄弟，请他们到自己的楼船宴饮。席间，"提督"说："有一件事对你们很不利。一个叫汪秀才的人告你们抢夺爱妾。那汪秀才是当今名士，他已向皇上奏本，上司命我全权处理此事。我们已是朋友，我先把此事告诉你们。如果你们将那女人秘密交出，我保证你们不吃官司，万事皆无。"柯陈兄弟先是吓得面如土色，后来见"提督"网开一面，便千恩万谢，表示愿意交出小蝶。楼船离开江面，返回岸边，柯陈兄弟亲自把小蝶交给"提督"。他们哪里知道，眼前这位"提督"是个"冒牌货"。

汪秀才假扮提督，瞒天过海，接近柯陈兄弟，又调虎离山，把柯陈兄弟骗到自己的船上，软硬兼施，使他们没有了退路。然后，他以假隐真，晓以利害，这一计连着一计，最后终于麻痹了抢匪，让柯陈兄弟亲自把小蝶送了回来。

3. 子贡救鲁

孔门七十二弟子，个个都有一技之长，其中子贡精通兵法，长于谋略。爱才的孔子曾把子贡比喻为瑚琏。瑚琏者，宗庙之贵器也。用现在的话说，就是国家的栋梁之材。

春秋乱世，战事频繁。其时，齐国权臣田常欲作乱，但又畏惮高、国、鲍、晏等大臣，于是劝齐国国君兴兵伐鲁，企图削弱诸臣。

孔子得知消息以后，很是为自己国家的前途担忧，便对弟子们说："鲁国乃父母之国，国危如此，你们为何不出？"子路、子张、子石等请行，孔子皆不准，知道他们不是那块料。子贡请行，孔子不仅非常痛快地答应了，还为子贡饯了行，嘱咐他一定不辱使命。

使命在肩的子贡马不停蹄地来到齐国，摇动三寸不烂之舌，对齐国权臣田常说："您兴兵伐鲁不是步好棋。鲁是难伐之国，其城墙薄而低矮，其土地狭而浅薄，其君主愚蠢而不仁，其大臣虚伪而无用，其人民厌恶战争。这样的国家不可与之交战。君不如伐吴。吴国城高而厚，地广而深，兵甲坚而新，将士精干，武器装备精良。这是最适宜讨伐的国家。"

田常一听，气得脸色都变了，说："先生所说难攻打的，都是大家认为容易的；先生认为容易攻取的，谁都知道是最难的。先生如此教我，究竟什么意思？"子贡回答道："我听说，忧患在内者攻强敌，忧患在外者攻弱敌。现在您的忧患在国内。我听说您曾三次欲加封而不获成功，就是因为有大臣不赞同。齐国若伐鲁获胜，则齐国疆域扩大，国君威望大增，大臣地位更加巩固，而您却无功可言。国君就会日渐疏远你，您若欲成就大事，就难上加难了。更有甚者，您在齐国的地位和处境也危险了。所以我认为不如伐吴。吴国强大，伐吴不胜，损兵折将，大臣内空，如此一来，孤主在上，只有依赖您了。"田常一听，连连称善，便问道："我们已出兵伐鲁，若转而伐吴，大臣怀疑我，该怎么办？"子贡说："您暂时按兵不动，我请出使吴国，说动吴国救鲁而伐齐，您就可以移兵迎吴了。"

于是田常就派遣子贡出使吴国。子贡对吴王说："当今之诸侯国，唯齐与吴最为强盛。现在齐以万乘之国而伐千乘之鲁，与吴国争强，我为大王深感忧虑，特请大王救鲁伐齐。救鲁可以显名，伐齐则有大利。大王挥师北上，诛暴齐，服强晋，存亡鲁，镇抚泗上诸侯，一举而称霸，利莫大焉。"吴王说："您所言极是。但是我忧虑的是，越国有报仇之心，待我灭越以后再北上救鲁如何？"子贡说："越国之弱胜于鲁国，吴国之强不如齐国。王若置齐而伐越，齐国早已灭掉鲁国了。大王既然追求存亡继绝的名声，又畏惧强齐而攻灭弱越，岂能显示大王之勇！保存越国，可以向诸侯显示大王之仁；救鲁伐齐，威加晋国，诸侯必相率而朝吴，大王不就成就霸业了吗？如果大王还担心越国，臣请东见越王，令其出兵随大王北上。"吴王大喜，就让子贡出使越国。

越王听说子贡到来，亲至郊外迎接。越王说："此乃蛮夷之国，大夫何以辱而临之？"子贡说："我此次前往吴国，劝说吴王救鲁伐齐，吴王非常愿意，但又担心越国，想伐越后再北上。这样，越国就危在旦夕了。"勾践请求子贡出谋救越。子贡说："吴王为人凶狠而残暴，群臣不堪；国家连年战争，士卒疲敝，不堪忍受；百姓怨声载道，大臣人心混乱，忠臣伍子胥强谏而死，佞臣太宰伯嚭专权。所有这些都显示出吴国的败亡之象。王若能出兵助吴伐齐，以骄其志，送以重宝以悦其心，卑辞以尊其威，吴王必定挥师北上伐齐。吴王被打败，此乃大王之福；吴王若胜，必然兵临晋国。臣请北见晋君，使其共同攻打吴国。其精锐被齐国削弱，大军又困于晋，吴军实力必然削弱，然后大王乘其弊，必然灭亡吴国。"越王勾践非常高兴。

子贡辞别越王，回到吴国，将越国愿意出兵助吴攻齐之事告诉吴王。果然没过几天，越国大夫文种就带着重礼来到吴国，向吴王表达越王愿亲自率兵助吴攻齐的诚意。吴王大喜，对子贡说："越王愿亲自随从寡人伐齐，先生以为如何？"子贡说："这不妥。诸侯会认为大王不义。大王只要接受礼物，同意越国出兵，谢绝越王亲临就行了。"吴王采纳了子贡的建议，于是举倾国之师北上伐齐。子贡又到晋国，对晋君说："齐国与吴国即将开战，若吴国战败，越国必然乘势攻吴。若吴国打败齐国，吴国必然兵临晋国，晋国不可不预先防备。"晋君一听，感到非常恐慌，就问子贡该如何应对。子贡说："唯有厉兵秣马，才有备无患。"后来事态的发展果然如子贡所预料的那样。吴国与齐国在艾陵大战，大破齐师，然后兵临晋国。吴晋两军于黄池会盟，中原各国承认了吴国的霸主地位。越王得知消息以后，即出兵偷袭吴国。吴王得知越国攻吴，便急忙撤兵而回，与越国交战，最后被越国打败，吴王夫差自杀，吴国灭亡，越王勾践夺得了霸权。

子贡不愧为春秋时期一位卓越的政治家、军事谋略家、外交家，他之所以游说成功，关键在于他能准确掌握当时的国际形势和各国之间的关系，又能把握田常与夫差的心理和性格，因势利导，设下连环计，使各国按其部署行事。

4. 卢杞计害杨炎

唐德宗时，卢杞和杨炎同任宰相。卢杞样貌丑陋，阴谋奸狠，心胸狭隘，但他很会讨皇帝欢心，德宗非常喜欢他，以至于对臣下说："卢杞清廉忠诚，耿介率直，人人都说他奸恶，但我从来没有这种感觉。"杨炎善于理财，文才也好；而卢杞，除了巧言善辩，别无所长，但嫉贤妒能，使坏主意害人却是拿手好戏。两个人在外表上也有很大不同，杨炎是个美髯公，仪表堂堂；卢杞脸上有大片蓝色痣斑，相貌奇丑，形容猥琐。同在政事堂办公，一同吃饭，杨炎不愿同他同桌而食，经常找个借口在别处单独吃饭。有人趁机对卢杞挑拨说："杨大人看不起你，不愿跟你在一起吃饭。"卢杞自然怀恨在心，便先找杨炎下属官员过错，并上奏皇帝。杨炎因而愤愤不平，说道："我的手下人有什么过错，自有我来处理，如果我不处理，可以一起商量，他为什么瞒过我暗中向皇帝打小报告！"两个人的隔阂越来越深，常常意见相左，针锋相对。

当时有一个藩镇割据势力梁崇义发动叛乱，德宗皇帝命令另一名藩镇将领李希烈去讨伐，杨炎不同意，说："李希烈这个人，杀害了对他十分信任的养父而夺其职位，为人凶狠无情，没有功劳却傲视朝廷，不守法度，若是在平定梁崇义时立了功，以后更不可控制了。"

德宗已经下定了决心，对杨炎说："这件事你就不要管了！"杨炎却不把德宗的决定放在眼里，一再表示反对，这使对他早就不满的皇帝更加生气。

不巧赶上天下大雨，李希烈一直没有出兵，卢杞看到这是扳倒杨炎的好时机，便对德宗皇帝说："李希烈之所以拖延不肯出兵，正是因为听说杨炎反对他的缘故，陛下何必为了保全杨炎的面子而影响平定叛军的大事呢？不如暂时免去杨炎宰相的职位，让李希烈放心，等到叛军平定以后，再重新起用，也没有什么大关系！"

这番话看上去完全是为朝廷考虑，也没有一句伤害杨炎的话，卢杞排挤人的手段就是这么高明。德宗皇帝果然信以为真，于是免去了杨炎宰相的职务。

从此卢杞独掌大权，他自然不会让杨炎东山再起，便找茬整治杨炎。杨炎在长安曲江池边为祖先建了座祠庙,卢杞便诬奏说:"那块地方有帝王之气,早在玄宗时代,宰相萧嵩在那里建立过家庙,玄宗皇帝不同意,令他迁走;现在杨炎又在那里建家庙,必定是怀有篡位的野心!"

早就想除掉杨炎的德宗皇帝便以卢杞这番话为借口,先将杨炎贬至崖州,随即将他杀死。

杨炎有些刚愎自用,把对卢杞的蔑视表现在明处,最终被卢杞所害。

孔子说:疏远奸佞之人。如果不疏远佞小,就会被佞小之辈同化。

第三十六计　走为上

全师避敌①。左次无咎,未失常也②。

按语

敌势全胜,我不能战,则必降、必和、必走。降则全败,和则半败,走则未败。未败者,胜之转机也。如宋毕再遇与金人对垒,度金兵至者日众,难与争锋。一夕拔营去,留旗帜于营,豫缚生羊悬之,置其前二足于鼓上,羊不堪倒悬,则足击鼓有声,金人不觉为空营。相持数日,乃觉,欲追之,则已远矣。可谓善走者矣!

注释

①师:古代兵制,二千五百人为师。五师为军。这里作军队的通称。

②左次无咎,未失常也:语出《易经·师卦》。师:卦名。本卦为异卦相叠(坎下坤上)。本卦下卦为坎为水,上卦为坤为地,水流地下,随势而行。这种如军旅之象,故名为"师"。"左次无咎,未失常也"是说军队在左边扎营,没有危险,也没有违背行军常道。

译文

为了保全军事实力,全军退却避强。退在左边扎营,既不会有危险,也没有违背行军常道。

按语译文

敌人的兵力处在绝对优势的情况下，我方不能与之死拼硬打，那就应该采取投降、媾和与撤退三条谋略。如果采取投降的手段就是彻底的失败，采取媾和的手段就是失败了一半，采取撤退的手段就没有失败。没有失败，就会有转胜的机会。例如，宋代毕再遇和金兵对抗，因为金兵强大，而且每天来的援兵都很多，难以和金兵抗衡。于是他便在一天傍晚把队伍全部撤走了，只留下旗帜飘扬在营房前，并预先把羊捆吊起来，把羊的前腿放在鼓面上，羊不堪倒悬，两腿乱蹬，就把鼓敲得咚咚作响，金兵没能察觉毕再遇把部队全部撤走。就这样相持了好几天，金兵才发觉情况异常，想追赶时宋兵已经退得很远了。这可称得上是"走为上"的优秀战例。

典故探源

这句话出自《南齐书·王敬则传》："檀公三十六策，走为上计。"指敌我力量悬殊的不利形势下，采取有计划的主动撤退，避开强敌，寻找战机，以退为进。这在谋略中也应是上策。

历史案例

1. 姜维屯田

姜维带兵在祁山附近同邓艾打仗时，蜀主刘禅却在成都不理朝政，宠信宦官。朝中大臣因后主荒淫，对国家前途不免忧心忡忡，一时之间，贤人逐渐离去，而小人却乘虚而入。当时有个名叫阎宇的右将军，什么功也没立，只因善于巴结宦官黄皓，居然爬得很高。他听说姜维在祁山战斗不利的消息，便求黄皓对后主刘禅说："姜维一次又一次出兵都毫无建树，可以让阎宇代替他。"后主自然听从，便派出使臣，携了诏书，召回姜维。姜维正在祁山进攻魏军的营垒，忽然之间一天连来三道诏书，命他班师。他无可奈何，只好从命。

回到汉中以后，姜维安排好人马，便同使臣一起到成都去面见后主。

可后主一连十天都不上朝。姜维心中十分疑惑。这一天来到了东华门,正好遇见秘书郤正。姜维问他:"天子要我班师,你知道是什么缘故吗?"郤正笑着回答:"大将军怎么还不知道,这是黄皓为了让阎宇立功,请求朝廷发出诏书召回将军。后来又听说邓艾善于用兵,估计阎宇不是他的对手,这事才又搁下不提了。"姜维一听此言,不由大怒说:"我一定要杀掉这个奴才!"郤正制止他说:"大将军继承诸葛武侯的事业,责任大,职权重,怎么能那么感情用事?如果闹得天子都容不下你,那可就不妙了。"姜维很感激地说:"先生的话很有道理。"

第二天,后主与黄皓在皇宫后花园设宴饮酒,姜维领几个人直接进来。早有人向黄皓通风报信,黄皓慌忙躲到花园的一角。姜维来到亭下,叩拜后主,流着泪说:"臣已将邓艾围困在祁山,陛下接连降下三道诏书,召我回朝,不知陛下是什么意思?"后主默默不语。姜维又说:"黄皓奸邪狡猾,专擅朝政,与东汉末年那些祸乱国家的宦官没什么两样。只有早早杀掉此人,朝廷才可以安宁,中原才可以恢复。"后主笑着说:"黄皓不过是一个供使唤的小臣,就算他专权,也不能有什么作为。你又何必把他放在心上?"姜维叩头说:"陛下今日不除黄皓,灾祸很快便会降临了!"后主便命人到花园一侧去找来黄皓,让他向姜维叩头请罪。黄皓哭鼻子抹眼泪地说:"我不过是伺候皇上罢了,并不曾干预国政。将军千万不要听信外人的传言,想要杀我。我这条小命就掌握在将军的手里,还请将军可怜可怜我。"说罢,又是叩头,又是哭号。

姜维愤愤而出,见郤正,将这些情况详详细细地告诉了他。郤正说:"将军将有大祸临头了。将军若有个三长两短,国家也就完蛋了。"姜维说:"请先生教我保国安身的办法。"郤正说:"陇西有一个地方,名叫沓中,那里土地十分肥沃。将军何不仿效诸葛武侯屯田的事,上报天子,前往沓中屯田?这样,一可以收获粮食以供军中之用,二可以夺取陇右大片土地城池,三可以使魏国军队不敢对我汉中轻举妄动,最后,将军在外握有兵权,谁也不敢算计你,可以避祸。这就是保国安身的办法,将军应早早去实行。"姜维大喜,道谢说:"先生的话真是金玉良言。"

第二天,姜维上表后主,要求去沓中屯田,仿效诸葛亮,后主答应了,他便收拾行李,远赴沓中避祸去了。

2. 刘邦鸿门宴巧脱身

公元前206年,刘邦攻破武关,进入关中。刘邦入关后,与秦民约法三章,并派人驻守函谷关,以防项羽。项羽十分恼怒,在鸿门设下酒宴,准备在席间寻机刺杀刘邦。刘邦深知赴鸿门宴凶多吉少,但项羽兵强势壮,如果不去便会有须臾之祸。于是,刘邦带着谋士张良、武将樊哙以及卫士来到鸿门。入席后,刘邦对项羽说:"我和将军并力攻秦,将军转战在黄河北,我作战于黄河南,但自己没料到先攻进函谷关,打败秦军。现有坏人散布流言,使将军与我发生了误会。望将军三思而后行啊!"这番话说得项羽心软了。范增见项羽无意杀刘邦,找来项庄舞剑,想伺机刺杀刘邦。张良的好友项伯看出范增的用心,于是也拔剑起舞,不时用身体掩护刘邦,使项庄难以下手。

在这千钧一发之际,张良授意武将樊哙入帐。樊哙仗剑持盾闯进帐中,目视项羽,怒发冲冠。项羽赐他一碗酒和一条猪腿,樊哙狼吞虎咽地喝了酒吃了肉,然后陈述刘邦的劳苦功高和赤胆忠心,指责项羽听信流言蜚语。项羽一时无言以对。

刘邦借口上厕所,与张良、樊哙一同出帐。樊哙护送刘邦抄小路即刻脱身。张良估计二人已走远,才回帐向项羽辞谢道:"沛公不胜酒量,不能亲自向大王辞行,特地让我带来白璧一双、玉斗一双奉献给大王和范将军。"项羽问:"刘邦现在何处?"张良答道:"他听说大王要责备他,心中恐惧,现已返回灞上了。"范增听说刘邦偷偷跑了,气急败坏地砸碎玉斗,恼恨地说:"将来夺取项王天下的,一定是刘邦了。我们今后都要当他的俘虏了!"

项羽在鸿门宴上缺乏当机立断的能力,间接导致了范增计划的失败,他放走了刘邦,埋下了日后失败的伏笔。

3. 徐庶自保

赤壁之战前,庞统向曹操献了连环计,急欲逃走。没想到刚到江边,被人一把抓住，定睛一看，乃是徐庶。徐庶本是刘备的谋士，几次用兵布阵杀得曹操大败。后来，曹操劫持了徐庶的母亲，逼迫徐庶为自己效力，徐庶的母亲见徐庶来到曹营，愤然自杀，徐庶悲痛不已，发誓终生不为曹操出谋划策。这就是人们常说的"徐庶进曹营——一言不发"的由来。

徐庶不愧是智多星，他早就看出庞统向曹操献连环计的用心。庞统说："徐兄真想破我的计策吗？"徐庶答道："曹操害死了我的母亲，我已说过终生不为他谋划一策，怎么会破你的计策呢？只是我身在曹营，兵败之后，玉石俱焚，我肯定自身难保。望兄指点迷津，帮我离开此地。"庞统在徐庶耳边低声说了几句，徐庶闻罢大喜。庞统自回江南去了。

当晚，徐庶便在曹营散布谣言。第二天，军士们都在谈西凉韩遂、马腾举兵造反的事。曹操听到这个消息感到很震惊，急忙召集谋臣商议。徐庶进言说："我自蒙丞相收留以来，还没有寸功报答，这次我愿领三千人马，星夜赶往散关把守，以防韩、马东来。"曹操见徐庶终于肯为自己效力，高兴地说："先生如果能去，我便高枕无忧了。你现在就领三千人马出发，千万不要迟留。"

徐庶一听，正中下怀，立刻辞别了曹操，带着三千人马浩浩荡荡奔散关而去。原来，庞统给徐庶的计谋，无非就是要徐庶在赤壁大战前离开前线，逃到战场后方去，这样便可不受战争波及，保全性命。